漢検

公益財団法人 日本漢字能力検定協会

改訂版

漢検 ハンディ 漢字学習 3級

※学習指導要領の改訂に伴い、2020年度より出題対象漢字に一部変更があります。本書は変更前の配当漢字による内容を収録しております。詳細は漢検ホームページをご確認ください。

漢検 公益財団法人 日本漢字能力検定協会

本書の特長と使い方

『漢検 ハンディ漢字学習』は、いつでもどこでも手軽に学べるよう構成されたポケットサイズの学習書です。持ち運びに便利で通勤通学などの空き時間にも適しています。

問題編

各出題分野ごとに問題が分かれています。最後は「総まとめ」で実力の確認をしましょう。

資料編

漢字学習に役立つ資料を豊富に掲載しています。問題を解く前に一字一字覚えたり、解いた後で調べたり、学習スタイルに合わせて使い分けましょう。

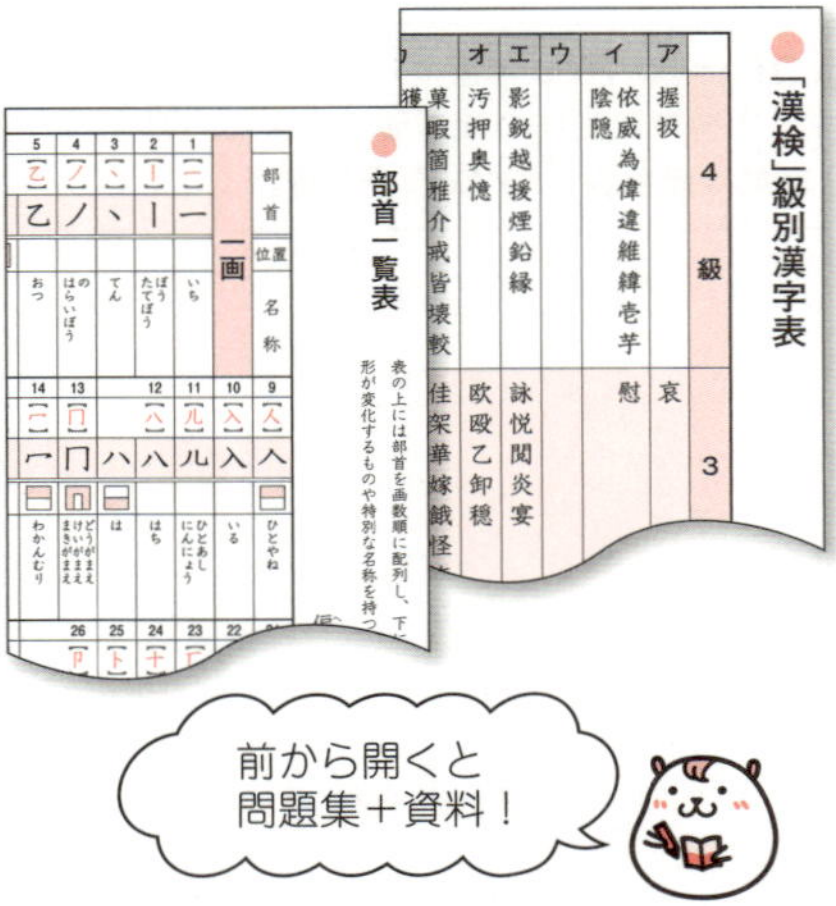

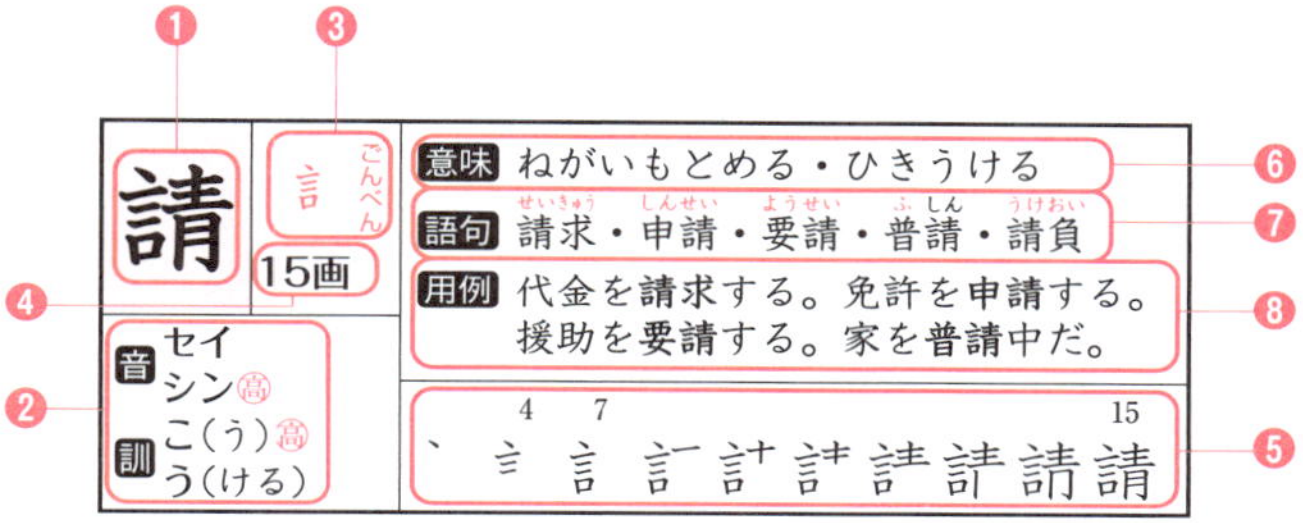

漢字表

漢字表には覚えておきたい項目が整理されています。

①漢字　「漢検」3級で新しく出題対象となる285字を、代表的な読みにより、五十音順に並べました。

②読み　音読みはカタカナ、訓読みはひらがなで記載しています。㊢は高校で習う読み（準2級以上で出題対象）です。

③部首　「漢検」で採用している部首・部首名です。

④画数　総画数を示しています。

⑤筆順　筆順は10の場面を示しています。途中を省略した場合は、その場面の上に現在何画目なのかを表示しました。

⑥意味　当該漢字の基本的な意味です。

⑦語句　当該漢字を含む熟語に赤字で読みがなを付けています。準2級以上の漢字の読みや高校で習う読みは、読みがなを黒字で示しています。

⑧用例　「語句」にある熟語を使った文例を示しています。

もくじ

●「漢検」級別 主な出題内容（～二〇一九年度） ※最新の情報は漢検ホームページをご確認ください。

10級 …対象漢字数 八〇字
漢字の読み／漢字の書取／筆順・画数

9級 …対象漢字数 二四〇字
漢字の読み／漢字の書取／筆順・画数

8級 …対象漢字数 四四〇字
漢字の読み／漢字の書取／部首・部首名／筆順・画数／送り仮名／対義語／同じ漢字の読み

7級 …対象漢字数 六四〇字
漢字の読み／漢字の書取／部首・部首名／筆順・画数／送り仮名／対義語／同音異字／三字熟語

6級 …対象漢字数 八二五字
漢字の読み／漢字の書取／部首・部首名／筆順・画数／送り仮名／対義語・類義語／同音・同訓異字／三字熟語／熟語の構成

5級 …対象漢字数 一、〇〇六字
漢字の読み／漢字の書取／部首・部首名／筆順・画数／送り仮名／対義語・類義語／同音・同訓異字／誤字訂正／四字熟語／熟語の構成

4級 …対象漢字数 一、三二二字
漢字の読み／漢字の書取／部首・部首名／送り仮名／対義語・類義語／同音・同訓異字／誤字訂正／四字熟語／熟語の構成

3級 …対象漢字数 一、六〇七字
漢字の読み／漢字の書取／部首・部首名／送り仮名／対義語・類義語／同音・同訓異字／誤字訂正／四字熟語／熟語の構成

準2級 …対象漢字数 一、九四〇字
漢字の読み／漢字の書取／部首・部首名／送り仮名／対義語・類義語／同音・同訓異字／誤字訂正／四字熟語／熟語の構成

2級 …対象漢字数 二、一三六字
漢字の読み／漢字の書取／部首・部首名／送り仮名／対義語・類義語／同音・同訓異字／誤字訂正／四字熟語／熟語の構成

準1級 …対象漢字数 約三千字
漢字の読み／漢字の書取／故事・諺／対義語・類義語／同音・同訓異字／誤字訂正／四字熟語

1級 …対象漢字数 約六千字
漢字の読み／漢字の書取／故事・諺／対義語・類義語／同音・同訓異字／誤字訂正／四字熟語

※ここに示したのは出題分野の一例です。毎回すべての分野から出題されるとは限りません。また、このほかの分野から出題されることもあります。

日本漢字能力検定審査基準（〜二〇一九年度）

※最新の情報は漢検ホームページをご確認ください。

4級

【程度】常用漢字※のうち約一、三〇〇字を理解し、文章の中で適切に使える。

【領域・内容】

《読むことと書くこと》

小学校学年別漢字配当表のすべての漢字と、その他の常用漢字約三〇〇字の読み書きを習得し、文章の中で適切に使える。

・音読みと訓読みとを正しく理解していること

・送り仮名や仮名遣いに注意して正しく書けること

・熟語の構成を正しく理解していること

・熟字訓、当て字を理解していること（小豆／あずき、土産／みやげ　など）

・対義語、類義語、同音・同訓異字を正しく理解していること

《四字熟語》

四字熟語を理解している。

《部首》

部首を識別し、漢字の構成と意味を理解している。

※常用漢字とは、平成22年11月30日付内閣告示による「常用漢字表」に示された二、一三六字をいう。

3級

【程度】常用漢字※のうち約一、六〇〇字を理解し、文章の中で適切に使える。

【領域・内容】

《読むことと書くこと》

小学校学年別漢字配当表のすべての漢字と、その他の常用漢字約六〇〇字の読み書きを習得し、文章の中で適切に使える。

・音読みと訓読みとを正しく理解していること

・送り仮名や仮名遣いに注意して正しく書けること

・熟語の構成を正しく理解していること

・熟字訓、当て字を理解していること（乙女／おとめ、風邪／かぜ　など）

・対義語、類義語、同音・同訓異字を正しく理解していること

《四字熟語》

四字熟語を理解している。

《部首》

部首を識別し、漢字の構成と意味を理解している。

※常用漢字とは、平成22年11月30日付内閣告示による「常用漢字表」に示された二、一三六字をいう。

準2級

【程度】常用漢字※のうち一、九四〇字※を理解し、文章の中で適切に使える。

【領域・内容】

《読むことと書くこと》

一、九四〇字の漢字の読み書きを習得し、文章の中で適切に使える。

・音読みと訓読みとを正しく理解していること

・送り仮名や仮名遣いに注意して正しく書けること

・熟語の構成を正しく理解していること

・熟字訓、当て字を理解していること（硫黄／いおう、相撲／すもう　など）

・対義語、類義語、同音・同訓異字を正しく理解していること

《四字熟語》

典拠のある四字熟語を理解している（驚天動地、孤立無援　など）。

《部首》

部首を識別し、漢字の構成と意味を理解している。

※常用漢字とは、平成22年11月30日付内閣告示による「常用漢字表」に示された二、一三六字をいう。

※一、九四〇字とは、昭和56年10月1日付内閣告示による旧「常用漢字表」の一、九四五字から「勺」「錘」「銑」「脹」「匁」の五字を除いたものを指す。

2級

【程度】すべての常用漢字※を理解し、文章の中で適切に使える。

【領域・内容】

《読むことと書くこと》

すべての常用漢字の読み書きに習熟し、文章の中で適切に使える。

・音読みと訓読みとを正しく理解していること
・送り仮名や仮名遣いに注意して正しく書けること
・熟語の構成を正しく理解していること
・熟字訓、当て字を理解していること（海女／あま、玄人／くろうと　など）
・対義語、類義語、同音・同訓異字などを正しく理解していること

《四字熟語》

典拠のある四字熟語を理解している（鶏口牛後、呉越同舟　など）。

《部首》

部首を識別し、漢字の構成と意味を理解している。

※常用漢字とは、平成22年11月30日付内閣告示による「常用漢字表」に示された二、一三六字をいう。

日本漢字能力検定採点基準

最終改定：平成二十五年四月一日　公益財団法人 日本漢字能力検定協会

(1) 採点の対象

筆画を正しく、明確に書かれた字を採点の対象とし、くずした字や、乱雑に書かれた字は採点の対象外とする。

(2) 字種・字体

①2〜10級の解答は、内閣告示「常用漢字表」（平成二十二年）による。ただし、旧字体での解答は正答とは認めない。

②1級および準1級の解答は、『漢検要覧　1／準1級対応』（公益財団法人日本漢字能力検定協会発行）に示す「標準字体」「許容字体」「旧字体一覧表」による。

(3) 読み

①2〜10級の解答は、内閣告示「常用漢字表」（平成二十二年）による。

②1級および準1級の解答には、①の規定は適用しない。

(4) 仮名遣い

仮名遣いは、内閣告示「現代仮名遣い」による。

(5) 送り仮名

送り仮名は、内閣告示「送り仮名の付け方」による。

(6) 部首

部首は、『漢検要覧　2〜10級対応』（公益財団法人日本漢字能力検定協会発行）収録の「部首一覧表と部首別の常用漢字」による。

(7) 筆順

筆順の原則は、文部省編『筆順指導の手びき』（昭和三十三年）による。常用漢字一字一字の筆順は、『漢検要覧　2〜10級対応』収録の「常用漢字の筆順一覧」による。

(8) 合格基準

級	満点	合格
1級／準1級／2級	二〇〇点	八〇％程度
準2級／3級／4級／5級／6級／7級	二〇〇点	七〇％程度
8級／9級／10級	一五〇点	八〇％程度

※部首、筆順は『漢検　漢字学習ステップ』など公益財団法人日本漢字能力検定協会発行図書でも参照できます。

漢字の読み

音読み

1

/30

●次の――線の**読み**を**ひらがな**で、(　)の中に記せ。

1 神社の境内は夜店でとてもにぎわっている。（けいだい）

2 妻の父のことを岳父という。（がくふ）

3 鯨飲馬食は慎むべきだ。（げいいん）

4 事実の有無を調査する。（うむ）

5 甘美な音色に陶酔する。（とうすい）

6 毒舌家として有名な人だ。（どくぜつ）

7 政府提出の暫定予算がようやく成立した。（ざんてい）

8 違反者に対し、容赦のない厳しい判定が下された。（ようしゃ）

9 わがままな考え方を是認することはできない。（ぜにん）

10 予想外の難問を前に困惑してしまった。（こんわく）

11 似顔絵はモデルの特徴を誇張して描く傾向がある。（こちょう）

12 新聞社に匿名の投書が届く。（とくめい）

13 錠剤の薬を飲む。（じょうざい）

14 来週、百貨店で洋服の廉売があるらしい。（れんばい）

15 愛と憎しみの相克を題材にした小説だ。（そうこく）

16 管に何かが詰まって排水の具合が悪い。（はいすい）

17 往年の面目躍如たるものだ。（やくじょ）

18 新製品の開発に執念を燃やしている。（しゅうねん）

19 噴気孔に異常が見つかる。（ふんきこう）

20 家元は世襲制度によって受け継がれる。（せしゅう）

21 美しい海と山に囲まれた自然を満喫する。（まんきつ）

22 甲高い声でしゃべっていた。（かんだか）

23 連続ドラマの展開が佳境に入ってきた。（かきょう）

24 上司に辞表を提出したが慰留された。（いりゅう）

25 これは科学の粋が凝縮されている装置だ。（ぎょうしゅく）

26 彼とは長年辛苦を共にしている仲だ。（しんく）

27 図書館で本を閲覧する。（えつらん）

28 郷里の実家では代々養鶏業を営んでいる。（ようけい）

29 紫紺の優勝旗を手にしたい。（しこん）

30 遵法の精神を育もう。（じゅんぽう）

漢字の読み

音読み

2

●次の——線の読みをひらがなで、（　）の中に記せ。

1 過去十年を回顧する。（かいこ）

2 遠く離れた孤島に赴任する。（ことう）

3 弟は昔から娯楽番組をよく見るほうだった。（ごらく）

4 地の利を生かして近郊農業が発達した。（きんこう）

5 高温多湿の土地柄だ。（たしつ）

6 不幸にして病魔に冒された。（びょうま）

7 道路工事中につき徐行する。（じょこう）

8 審議を重ねて結論に達した。（しんぎ）

9 羊の柔和な目は見る人の心をなごませる。（にゅうわ）

10 君は真面目な話題のときに冗談が多すぎる。（じょうだん）

11 彼は人目を気にして体裁を取り繕ってばかりいる。（ていさい）

12 万事遺漏のないよう手配してください。（いろう）

13 ベランダをサビ止めの塗料で塗り直した。（とりょう）

14 潔癖に身を処す人であった。（けっぺき）

/30

15 五厘差で首位打者になった。（ごりん）

16 予算の濫費を鋭く追及する。（らんぴ）

17 船の転覆事故が起こった。（てんぷく）

18 発掘作業をしていて墳墓を発見した。（ふんぼ）

19 多岐に渡る問題をなるべく集約する。（たき）

20 明治政府は極端な欧化政策をとったといわれる。（おうか）

21 信用を失墜するような行為をしてはならない。（しっつい）

22 浅薄な知識だと一笑に付されてしまった。（せんぱく）

23 金属を高温で溶かして鋳造した器具だ。（ちゅうぞう）

24 ニュースが緊迫感をもって伝えられた。（きんぱく）

25 公共団体職員のことを吏員ともいう。（りいん）

26 舞台の上で倒れても役者としては本望だ。（ほんもう）

27 かなり卓越した運動能力を持っている。（たくえつ）

28 粘着力の強い薬剤を使う。（ねんちゃく）

29 協力して仕事を遂行した。（すいこう）

30 週刊誌に暴露記事が載った。（ばくろ）

漢字の読み

音読み

3

●次の――線の**読み**を**ひらがな**で、（　）の中に記せ。

1 一人で気炎を上げる。（きえん）

2 冗漫さが目立つ文章だ。（じょうまん）

3 点描は新印象派の技法だ。（てんびょう）

4 深山幽谷を求めて旅に出た。（ゆうこく）

5 努力の結晶を高く評価する。（けっしょう）

6 炭坑の中で起きた落盤事故の救助にあたる。（たんこう）

7 堂々巡りの議論が続き、時間が浪費された。（ろうひ）

8 古いしきたりは今後は一切踏襲しない。（とうしゅう）

9 卑屈な態度はかえって失礼にあたる。（ひくつ）

10 抽選で温泉旅行が当たったので両親にプレゼントした。（ちゅうせん）

11 この風景を見ると感慨深いものがある。（かんがい）

12 話し言葉には自然な抑揚がついている。（よくよう）

13 原稿の執筆依頼を快諾した。（かいだく）

14 ロボットを遠隔操作する。（えんかく）

／30

15 餓鬼のごとくむさぼり食う。（がき）

16 週末は湖畔で過ごす。（こはん）

17 他人の模倣では困る。（もほう）

18 植物は主に気孔を通して呼吸を行う。（きこう）

19 社長のお相伴にあずかって宴席に出た。（しょうばん）

20 頂上付近からスキーでまっすぐに滑降する。（かっこう）

21 長い間秘匿されていた文書が発見された。（ひとく）

22 カルシウムを摂取して骨を強くする。（せっしゅ）

23 辺り一帯は禁猟区だ。（きんりょう）

24 この小説は三か国語に翻訳される予定だ。（ほんやく）

25 一斤は約六〇〇グラムだ。（いっきん）

26 忘れ物をするのは妹にとっては日常茶飯事だ。（さはんじ）

27 棋士は長考の末、次の一手を指した。（きし）

28 本邦初演の名作だ。（ほんぽう）

29 せっかくの春休みを無為に送りたくない。（むい）

30 敗れた最大の原因は闘志の欠如にある。（けつじょ）

漢字の読み

音読み

4

次の――線の**読み**を**ひらがな**で、（　）の中に記せ。

1 強引な上手投げに屈した。（ごういん）

2 商店に勤めて、生まれて初めて帳簿をつけた。（ちょうぼ）

3 外国に二十日間滞在した。（たいざい）

4 学生時代に身体を鍛錬した。（たんれん）

5 自動車が道路を疾走した。（しっそう）

6 そこにいると通行の邪魔だ。（じゃま）

7 アルコール発酵の結果、酒ができる。（はっこう）

8 笑うという行為は生活を明るくする潤滑油だ。（じゅんかつ）

9 濃霧で船の衝突が心配だ。（しょうとつ）

10 どの手段にするかの選択は君の自由だ。（せんたく）

11 名演奏を聴いてしばらくの間、法悦に浸る。（ほうえつ）

12 不始末を穏便に処理する。（おんびん）

13 相手がどんなに強くても敢然として敵に立ち向かう。（かんぜん）

14 一方的に得点され屈辱的大敗を喫した。（くつじょく）

/30

15 彼は父親譲りの硬骨漢だ。（こうこつかん）

16 南蛮から渡来した品だと伝えられている。（なんばん）

17 芳紀まさに十八歳です。（ほうき）

18 官房長官の記者会見がまもなく始まる。（かんぼう）

19 音楽家として将来を嘱望されている。（しょくぼう）

20 国王の前で即興で詩を作り朗読した。（そっきょう）

21 先哲の教えを守り続けた。（せんてつ）

22 風に恵まれて、船は平穏無事に出帆した。（しゅっぱん）

23 新記録は天賦の素質と努力とによる。（てんぷ）

24 いかなる非難も甘受せざるを得ない。（かんじゅ）

25 香炉はもともと仏事に用いられていたそうだ。（こうろ）

26 麦芽からビールを造る。（ばくが）

27 管理人が常駐している。（じょうちゅう）

28 詳しい説明を聞いて、ようやく納得した。（なっとく）

29 大人になっても幼稚な面が残っている。（ようち）

30 独自の経営哲学を持つ。（てつがく）

漢字の読み

音読み **5**

●次の――線の**読み**を**ひらがな**で、（　）の中に記せ。

1 深い悔恨の情にさいなまれる毎日である。（かいこん）

2 華美な服装がよく似合う。（かび）

3 疾風の勢いで駆け抜ける。（しっぷう）

4 自然の恩恵を受けている。（おんけい）

5 慈善事業に進んで参加した。（じぜん）

6 筆者の許諾を得て公表する。（きょだく）

7 祭りは近郷近在の人でにぎわっている。（きんごう）

8 伝染病の流行を阻止するための研究を行う。（でんせん）

9 山奥の峡谷の紅葉を楽しむ。（きょうこく）

10 将来会社の中軸となる人材を育てる。（ちゅうじく）

11 符節を合わせたように話が一致する。（ふせつ）

12 後任への引き継ぎは円滑に行われた。（えんかつ）

13 生徒の作文の添削をする。（てんさく）

14 潤沢な資金を元手に事業を始めることにした。（じゅんたく）

／30

15 重要書類を密封して届ける。（みっぷう）
16 全て師匠の言う通りだ。（ししょう）
17 アメリカでは陪審制が導入されている。（ばいしん）
18 自由を束縛されずに暮らす。（そくばく）
19 祖父には昔から趣味の将棋仲間がいる。（しょうぎ）
20 原生林の濫伐は取り返しのつかない暴挙だ。（らんばつ）
21 この商品は某社の社運をかけた製品だ。（ぼうしゃ）
22 敵地の内部に深く潜入して情報を集める。（せんにゅう）

23 外国にいるような錯覚を起こす街並みだ。（さっかく）
24 日本列島は弧状列島ともいわれている。（こじょう）
25 穏当な発言に終始した。（おんとう）
26 老婆心ながら若い人たちに忠告したい。（ろうばしん）
27 専門家の校閲を経る。（こうえつ）
28 親しみを込めて「お嬢さん」と呼んだ。（じょう）
29 店から代金を請求された。（せいきゅう）
30 暖房中は部屋をこまめに換気しよう。（かんき）

漢字の読み

音読み

6

次の――線の**読み**を**ひらがな**で、（　）の中に記せ。

1 火山の噴火により埋没した。（まいぼつ）

2 どこからか甘美なメロディーが聞こえてくる。（かんび）

3 堂々たる城郭を誇る。（じょうかく）

4 再度翻意を促すことにした。（ほんい）

5 過去を赤裸々に告白する。（せきらら）

6 至極当然のことだと思う。（しごく）

7 近年、魚介類の濫獲が問題になっている。（らんかく）

8 有害成分を抽出して目下調査中である。（ちゅうしゅつ）

9 監査の仕事を委嘱された。（いしょく）

10 貨物船が港に数隻停泊しているのが見える。（すうせき）

11 失敗を契機に全面的に経営方針を改める。（けいき）

12 深刻で憂慮すべき事態が起こり頭を抱える。（ゆうりょ）

13 暴風で商船が小山のような激浪にもまれる。（げきろう）

14 稚魚を川に放流した。（ちぎょ）

/30

15 免許証必携と書いてある。（ひっけい）

16 大統領の恩赦により服役中の男が釈放された。（おんしゃ）

17 チョウのさなぎが羽化した。（うか）

18 ヒマラヤなど高い山では空気が希薄である。（きはく）

19 生きとし生けるものを虐待すべきではない。（ぎゃくたい）

20 私たちの力で戦争の脅威を排除しよう。（きょうい）

21 幻想的な素晴らしい曲で聴衆を引きつける。（げんそう）

22 福祉事業を推進させる。（ふくし）

---

23 一向に仕事がはかどらず焦燥に駆られる。（しょうそう）

24 骨髄移植に協力する。（こつずい）

25 他人に迎合ばかりするな。（げいごう）

26 北国の湖畔で一人、惜春の情を味わった。（せきしゅん）

27 冗費を減らすことで会社を再建する。（じょうひ）

28 酸素が不足して窒息しそうになった。（ちっそく）

29 恩師に送る手紙を「拝啓」という頭語で始めた。（はいけい）

30 二日間拘禁された。（こうきん）

漢字の読み

音読み

7

●次の——線の**読み**を**ひらがな**で、（　）の中に記せ。

1 加筆と訂正の断り書きが本に書かれている。（ていせい）

2 濃紺の上着を羽織る。（のうこん）

3 小麦粉の斤量を量る。（きんりょう）

4 なだらかな丘陵が続く。（きゅうりょう）

5 険しい山岳地帯を越える。（さんがく）

6 水蒸気量が飽和点に達する。（ほうわ）

7 理科の授業で、空気の約八割は窒素だと習った。（ちっそ）

8 篤志家からの寄付に大いに期待する。（とくし）

9 全員の士気を鼓舞する。（こぶ）

10 この地方は昔から鉱物の埋蔵量が豊富だ。（まいぞう）

11 兄が殊勝な顔つきでかしこまっている。（しゅしょう）

12 都市の膨張が環境問題を引き起こす。（ぼうちょう）

13 空港でねんごろに惜別の心情を述べた。（せきべつ）

14 数学の相似条件を覚える。（そうじ）

/30

15 秋に収穫の祭りを行う。（しゅうかく）

16 海原のような大草原を馬の群れが疾駆する。（しっく）

17 自然の美に詠嘆した気持ちが歌から伝わる。（えいたん）

18 祖父は国有林の伐採作業に従事している。（ばっさい）

19 大都市郊外に自宅を構える。（こうがい）

20 だれもが彼の卓抜な才能を認めている。（たくばつ）

21 多くの障害を克服した。（こくふく）

22 市長の再選は九分九厘間違いないと言われている。（くりん）

23 他の追随を許さぬ大記録を打ち立てた。（ついずい）

24 夕日が鐘楼のかなたの海に沈んでいく。（しょうろう）

25 森で深呼吸すると大自然に抱擁された気分になる。（ほうよう）

26 食糧の欠乏は深刻な問題だ。（けつぼう）

27 あんな事をするなんて酔狂にも程がある。（すいきょう）

28 裁判で実刑が言い渡される。（じっけい）

29 国会の証人喚問をテレビ中継で見た。（かんもん）

30 湿原の自然を大切にしたい。（しつげん）

漢字の読み

音読み 8

●次の――線の**読み**を**ひらがな**で、（　）の中に記せ。

1 国境に緩衝地帯を設ける。（かんしょう）

2 邦楽の音色が好きだ。（ほうがく）

3 彼は漂泊の詩人として一生を終えた。（ひょうはく）

4 徐々に新体制へ移行する。（じょじょ）

5 排尿の際に違和感があったので医師に相談した。（はいにょう）

6 傷口の縫合手術を受ける。（ほうごう）

7 使役の意味の助動詞を学ぶ。（しえき）

8 種痘は医師のジェンナー氏が発明した。（しゅとう）

9 官吏になってまもなく調査の仕事をする。（かんり）

10 縦貫道路ができてとても便利になった。（じゅうかん）

11 険阻な山道を一人で歩いて旅をした。（けんそ）

12 父は宮司をしている。（ぐうじ）

13 尊敬する師のもと、古典文学の神髄に触れる。（しんずい）

14 天女のように美しい人だ。（てんにょ）

/30

15 拘束時間の短い仕事を探す。（こうそく）
16 ようやく犯人が逮捕された。（たいほ）
17 兄は課長に昇進してとても張り切っている。（しょうしん）
18 廊下をはさんで、部屋が並んでいる。（ろうか）
19 開発計画は一時凍結された。（とうけつ）
20 吉と出るか凶と出るか全くわからない。（きち）
21 食べ物の援助をしないと大勢が餓死する。（がし）
22 将来の後継者として嘱目されている。（しょくもく）

23 漢詩の朗詠を習っている。（ろうえい）
24 景気浮揚策は次第に功を奏してきた。（ふよう）
25 あまりにも無謀な登山計画であった。（むぼう）
26 政権の果てしない隆替が繰り返された。（りゅうたい）
27 事業は軌道に乗り、至って順調です。（きどう）
28 欲が深過ぎて墓穴を掘る。（ぼけつ）
29 勤倹貯蓄を心掛ける。（きんけん）
30 風を受けて、ゆったりと外洋を帆走する。（はんそう）

漢字の読み

訓読み

1

●次の——線の**読み**を**ひらがな**で、（　）の中に記せ。

1 子犬が鼻を擦りつけてきた。（す）

2 重要問題は会議に諮ってから決定する。（はか）

3 実った稲穂が垂れている。（いなほ）

4 谷川の水でのどを潤す。（うるお）

5 なくて七癖といわれる。（ななくせ）

6 安物買いの銭失い。（ぜに）

7 今日は風がなく、だいぶ蒸してきた。（む）

8 研究の成果を書物に著すことができた。（あらわ）

9 人の声色をまねて笑わせた。（こわいろ）

10 当店では扱っていない珍しい品です。（あつか）

11 父は健康のためにたばこを断つことにした。（た）

12 額に汗して働く。（ひたい）

13 友が発した何気ない一言が神経に触った。（さわ）

14 一度はゆっくり豪華な船旅をしたい。（ふなたび）

/30

15 埋もれていた古文書が最近発見された。（う）

16 店内は随分インテリアに凝っている。（こ）

17 生糸はかつて貿易品として盛んに輸出されていた。（きいと）

18 あの人は欲の塊だ。（かたまり）

19 荷物を入れた袋を提げる。（ふくろ）

20 横殴りの雨に打たれる。（よこなぐ）

21 資金繰りが厳しくて毎日が綱渡りの連続だ。（つなわた）

22 両者間の主張の隔たりは大きかった。（へだ）

23 紛争を収めるため調停に乗り出した。（おさ）

24 工事全般を請け負った。（う）

25 はやる気持ちを抑えて話す。（おさ）

26 美しい山の姿が湖に逆さに映っている。（うつ）

27 練習を重ねて記録を飛躍的に伸ばした。（の）

28 いろいろな素材を生かして機織りをした。（はたお）

29 勇将の下に弱卒なし。（もと）

30 この話は絶対他人には伏せておかなければならない。（ふ）

●次の――線の**読み**を**ひらがな**で、（　）の中に記せ。

1 水の漏れる音がする。（も）

2 森林には、山崩れを防ぐ役割もある。（やまくず）

3 あの先生は点が辛い。（から）

4 人形を巧みにあやつる。（たく）

5 事前の準備を怠った。（おこた）

6 結婚して婿養子になる。（むこ）

7 水素は酸素と混じると引火しやすい。（ま）

8 じっと耳を澄まして小鳥の声を聴く。（す）

9 要らぬ世話を焼くなと厳しく言われた。（い）

10 練習がきつく弱音を吐く。（は）

11 遅くなったので友だちの家に泊めてもらう。（と）

12 小麦粉を水で溶く。（と）

13 予定通り明日の二時に御社に伺います。（うかが）

14 ぜいたくに慣れてしまうのはよくない。（な）

／30

15 まるでコイの滝登りのような勢いだ。（たきのぼ）

16 我が子を両腕で抱き締める。（し）

17 このごろだいぶ煮炊きが上手になった。（にた）

18 愚かな失敗を繰り返すな。（おろ）

19 タンカーの事故により多大な損害を被った。（こうむ）

20 所用で母の故郷の四国に赴くことになった。（おもむ）

21 以前に比べると、かなり緩やかな校則に変更された。（ゆる）

22 小麦粉を粘るまでこねる。（ねば）

23 美しいピアノの調べに心を奪われた。（うば）

24 裸一貫から身を起こした。（はだか）

25 生き物を哀れむ優しい心を持ちたい。（あわ）

26 裁ちばさみをしばらくの間貸してください。（た）

27 顧みれば半世紀を過ぎた。（かえり）

28 降り積もった火山灰が、地表を覆っている。（おお）

29 全員で腕を競う。（きそ）

30 小高い丘の上から海原をはるかに見渡す。（うなばら）

漢字の読み

訓読み

3

●次の――線の**読み**を**ひらがな**で、（　）の中に記せ。

1 急いで使者を遣わす。（つか）

2 試合に勝って面目を施した。（ほどこ）

3 未来に幸多かれと祈る。（さち）

4 夜遅くまで話が弾んだ。（はず）

5 大きな理想を掲げて進む。（かか）

6 時がたっても朽ちることのない教えだ。（く）

7 末の娘の嫁ぐ日が徐々に近づいてきた。（とつ）

8 いつも笑顔で来客に接するよう心掛けている。（えがお）

9 妹は既に帰宅し、部屋で宿題をしている。（すで）

10 学問の道を深く究めていく。（きわ）

11 「舞姫」は森鷗外《もりおうがい》のよく知られた作品である。（まいひめ）

12 実家は百年前から続く袋物の専門店です。（ふくろもの）

13 目的を遂げるには粘り強さが必要だ。（と）

14 霊峰富士山を仰ぐ。（あお）

／30

15 体力の限界を試してみたい。（ ため ）

16 両国間の折衝は非常に滑らかに進んだ。（ なめ ）

17 又聞きなので確かではない。（ またぎ ）

18 裏庭の室から種芋を取り出してきた。（ むろ ）

19 不可解な行動を怪しむ。（ あや ）

20 出来上がった作品の鮮やかさに舌を巻く。（ あざ ）

21 次第に恋の炎が燃え上がるのを感じた。（ ほのお ）

22 反則をした選手に観客は非難を浴びせた。（ あ ）

23 終日仏像を彫っている。（ ほ ）

24 無鉄砲を省みて恥じ入る。（ かえり ）

25 この絵にはどこか趣がある。（ おもむき ）

26 天窓を通して、淡い光が入ってくる。（ あわ ）

27 芋虫は羽化してきれいなチョウになった。（ いも ）

28 苦心の末、墨太で力強い題字が書けた。（ すみぶと ）

29 房のついた旅行用の帽子を買いに行く。（ ふさ ）

30 火事の被害は隣家の倉庫にまで及んだ。（ およ ）

漢字の読み

訓読み

4

●次の——線の**読み**を**ひらがな**で、（　）の中に記せ。

1 悪天候のため乗客の安否が危ぶまれている。（あや）

2 目にも留まらぬ早技だ。（はやわざ）

3 橋は流されて跡形もない。（あとかた）

4 騒ぎに紛れて姿を隠した。（まぎ）

5 目標を絞って努力する。（しぼ）

6 卸売り業者から直接買った。（おろし）

7 ここから程遠くない所に私の生家がある。（ほどとお）

8 不誠実な行為をとらぬよう弟子を戒めた。（いまし）

9 書面だけでなく口頭での詳しい説明が必要だ。（くわ）

10 星占いによると乙女座の運勢は好調らしい。（おとめ）

11 大統領は夫人を伴って飛行機で来日した。（ともな）

12 いろいろな思いを心に秘めて旅立った。（ひ）

13 体が凍えて力が出せない。（こご）

14 少年の夢は膨らむばかりだ。（ふく）

/30

15 名優の一世一代の素晴らしい演技だった。（すば）

16 災いのない年になるよう、切に祈る。（わざわ）

17 冒険家は、ついに山頂を極めることができた。（きわ）

18 ガラスの擦れる音がする。（す）

19 波間を流木が漂う。（ただよ）

20 大名家の姫ゆかりの品々が展示される。（ひめ）

21 後輩の今後を気に掛ける。（か）

22 接戦の末、敗れて悔しい思いをした。（くや）

23 努めて平静を保とうとしている様子だ。（つと）

24 風邪によく効く薬です。（き）

25 試験の合格発表日まで不安に駆られる。（か）

26 天にも昇るような思いだ。（のぼ）

27 作家の生い立ちにとても興味がある。（お）

28 まずは取り急ぎお礼の筆を執りました。（と）

29 落ち度を追及されて立つ瀬がなくなった。（せ）

30 衣服と食糧とを取り換える。（か）

漢字の読み

訓読み 5

● 次の――線の**読み**を**ひらがな**で、（　）の中に記せ。

1 ご恩に報いるよう芸道に精進します。（むく）

2 古い屋敷の秘密を探る。（さぐ）

3 今年も時雨の季節になった。（しぐれ）

4 人に優しい社会を目指す。（やさ）

5 物腰の柔らかい人だ。（ものごし）

6 大皿に盛られたごちそうに全員の胃袋が満たされた。（いぶくろ）

7 性質が荒く人間味が乏しい。（とぼ）

8 生きとし生けるものは、いつか滅びる。（ほろ）

9 恋に胸を焦がす。（こ）

10 国旗が風に揺れている。（ゆ）

11 日が陰るにつれて薄ら寒くなってきた。（かげ）

12 甘言に踊らされて行動してはいけない。（おど）

13 船の揺れが激しくて、酔ってしまった。（よ）

14 長く険しい山道をあえぎながら登る。（けわ）

／30

15 土産に木彫りのクマを買う。（きぼ）

16 衣服のほつれを急いで繕う。（つくろ）

17 五月の節句に子どもの健やかな成長を祝う。（すこ）

18 奥様のお召し物はいい柄だ。（め）

19 桜の古木はますます盛んに花をつけている。（さか）

20 犬が入って花園の中を荒らし回った。（はなぞの）

21 台風は上陸すると急に勢いが衰えてきた。（おとろ）

22 規則ずくめで行動の自由が縛られる。（しば）

23 声を掛けて励ました。（はげ）

24 知人の家をやっとのことで尋ねあてた。（たず）

25 豚肉とねぎを買ってきた。（ぶたにく）

26 木の香に満ちた家に住む。（か）

27 今になって初めて母の気持ちを悟る。（さと）

28 水しぶきを浴びながら滝を見上げた。（たき）

29 鉄道の沿線に緑色の桑畑が続いている。（くわばたけ）

30 父は海に潜って貝を採るのが得意だ。（もぐ）

漢字の読み

訓読み

6

●次の——線の**読み**を**ひらがな**で、（　）の中に記せ。

1 浅瀬を渡って対岸に行く。（あさせ）

2 事件の主犯は雲隠れした。（くもがく）

3 敵を欺く作戦を立てた。（あざむ）

4 後れ毛をかき上げる。（おく）

5 父母の意見に背いて、単身上京した。（そむ）

6 内に潜む情熱をくみ取ろう。（ひそ）

7 突風が吹いてヨットの帆柱が折れた。（ほばしら）

8 鉛色の冬空が次第に明るくなってきた。（なまりいろ）

9 上司に食ってかかるとはなかなかの侍だ。（さむらい）

10 彼は幸せそうにほほ笑んだ。（え）

11 我が国の人口は国土面積の割に多い。（わ）

12 不況で商店街は寂れた。（さび）

13 日和見を決め込み全く動こうとしない。（ひよりみ）

14 梅雨どきは物が腐りやすいので注意する。（くさ）

/30

15 友だちの誘いを快く受けた。（さそ）

16 人に恨まれる覚えはない。（うら）

17 正装して授賞式に臨んだ。（のぞ）

18 行列に並んでまで食べる代物ではない。（しろもの）

19 蓄えられた水は農地のかんがいに利用される。（たくわ）

20 市民の憩いの場としてふさわしい公園ができた。（いこ）

21 あまり硬くならずに、気楽に話そう。（かた）

22 議長候補として全員一致で推すことにした。（お）

23 先輩を心から慕っている。（した）

24 兄は父の跡を継いで鋳物職人になった。（いもの）

25 町外れで小さな店を構え商いを始めた。（あきな）

26 丘に陣取った敵を討つため前進した。（う）

27 こっけいな替え歌を作った。（か）

28 静かに古典音楽を聴く。（き）

29 突然、絹を裂くような叫び声が聞こえた。（さ）

30 十万人を超える人々が広場に集まった。（こ）

漢字の読み

訓読み

7

●次の——線の読みをひらがなで、（　）の中に記せ。

1 兄嫁は才色兼備だ。（あによめ）

2 教会の鐘の音が聞こえる。（かね）

3 再会した友に握手を求めて手を差し伸べる。（の）

4 玄関前をほうきで掃く。（は）

5 手慰みに編み物をしている。（てなぐさ）

6 だれからも憎まれない人だ。（にく）

7 今年もはや苗代の時期になりました。（なわしろ なえしろ）

8 後ろから行ってわっと脅かしてやろう。（おど）

9 この世に友情に勝るものはないと信じている。（まさ）

10 慌ただしい年の瀬になった。（あわ）

11 後顧の憂いもなく出発した。（うれ）

12 現地の言葉が話せないので通訳を雇うつもりだ。（やと）

13 全員に促されて参加することになった。（うなが）

14 選手とともに優勝の喜びに浸っている。（ひた）

/30

15 連休で車の流れが滞っている。（とどこお）

16 故あって、春から田舎に越すことになった。（ゆえ）

17 強いて反対する程のことでもありません。（し）

18 職を辞めて再出発を志す。（や）

19 この場面は何度見ても目頭が熱くなる。（めがしら）

20 結婚式で花婿側の代表としてあいさつした。（はなむこ）

21 炎天下、重い荷物を手に提げて歩いた。（さ）

22 計画は速やかに実行しよう。（すみ）

23 仕立て下ろしの服を着る。（お）

24 子どもを掛かりつけの医者の所へ連れていった。（か）

25 毎朝牛乳を搾っている。（しぼ）

26 和服の着こなし方が大変粋に見える。（いき）

27 大気の中に占める酸素の割合は約二割だ。（し）

28 大切に育てた稲が害虫の被害に遭った。（あ）

29 百科事典のページを繰る。（く）

30 つりざおやかごは細い女竹から作る。（めだけ）

漢字の読み

訓読み 8

次の——線の読みをひらがなで、（　）の中に記せ。

1 かわいい双葉が顔を出した。（ふたば）

2 書き初めの展覧会に行く。（ぞ）

3 連休で怠け癖がついた。（なま）

4 お説教は聞き飽きた。（あ）

5 雷が近くに落ちて思わず肝を冷やした。（きも）

6 直線コースでついに首位に躍り出た。（おど）

7 桑の実が熟してきた。（くわ）

8 正座して心を研ぎ澄ます。（と）

9 秋らしい絵柄の器をいただいたので早速果物を盛る。（うつわ）

10 鯨は海に住む哺《ほ》乳《にゅう》動物の一種である。（くじら）

11 営業時間を延長して利益の増進を図る。（はか）

12 日ごろの猛練習のお陰で著しい進境を示す。（いちじる）

13 恋文という言葉もあまり聞かれなくなった。（こいぶみ）

14 早苗が風にそよいでいる。（さなえ）

／30

15 壁を塗り替えることにした。（ぬ）

16 終始穏やかな様子だった。（おだ）

17 借りた本の又貸しはしない。（また）

18 昔は冠をつけて、成人式を執り行った。（かんむり）

19 地下室の中は案外広いがひどく湿っていた。（しめ）

20 投稿した小説が、初めて雑誌に載った。（の）

21 動作が鈍くなってきたので減量を始めた。（にぶ）

22 結婚式で使う祝儀袋《しゅうぎぶくろ》に筆で「寿」と書いた。（ことぶき）

23 厳かな気持ちで参拝する。（おごそ）

24 次第に眠気を催してきた。（もよお）

25 若い時に心身を鍛えよう。（きた）

26 慣れない雪道で滑り、けがをしてしまった。（すべ）

27 作者の魂を込めた作品がついに完成した。（たましい）

28 先生がかんなをかけて板を削っている。（けず）

29 賢くて今時珍しいとても義理堅い青年だ。（かしこ）

30 庭で放し飼いにしていた鶏が卵を産んだ。（にわとり）

同音・同訓異字 1

●次の——線のカタカナにあてはまる漢字をそれぞれのア～オから選び、記号を〔　〕に記入せよ。

1 まず地価の上**ショウ**を抑えよう。〔エ〕
2 花を供えて墓前で合**ショウ**する。〔ウ〕
3 交通の要**ショウ**にあたる。〔イ〕
（ア焦　イ衝　ウ掌　エ昇　オ称）

4 複雑**カイ**奇な出来事です。〔ウ〕
5 十年ぶりの**カイ**既日食である。〔エ〕
6 厳しい警**カイ**が必要だ。〔ア〕
（ア戒　イ海　ウ怪　エ皆　オ階）

7 善戦したが一点差で**セキ**敗した。〔イ〕
8 沖合に数**セキ**の貨物船が見える。〔ウ〕
9 出家して僧**セキ**に入った。〔オ〕
（ア跡　イ惜　ウ隻　エ斥　オ籍）

10 噴気**コウ**が詰まっているようだ。〔オ〕
11 会の**コウ**領に従って行動する。〔イ〕
12 犯人の身柄を**コウ**束する。〔エ〕
（ア抗　イ綱　ウ項　エ拘　オ孔）

13 双方の事情を**カン**案して決める。〔オ〕
14 あまりの勇**カン**さに驚嘆した。〔ウ〕
15 規制**カン**和について意見を出す。〔ア〕
（ア緩　イ換　ウ敢　エ感　オ勘）

／33

16 大いに国威を宣ヨウする。 〔ウ〕

17 我が子をしっかりと抱ヨウした。 〔オ〕

18 彼は歌ヨウ界の重鎮だ。 〔エ〕

（ア 養　イ 揺　ウ 揚　エ 謡　オ 擁）

19 水ぼうそうは水トウともいう。 〔イ〕

20 ビルの建設計画がトウ結された。 〔エ〕

21 氷上の名演技にトウ酔する。 〔ア〕

（ア 陶　イ 痘　ウ 討　エ 凍　オ 倒）

22 旅館でフグの雑スイを食べた。 〔ウ〕

23 責任を持って任務をスイ行した。 〔エ〕

24 純スイな心を大切にしたい。 〔ア〕

（ア 粋　イ 酔　ウ 炊　エ 遂　オ 吹）

25 自供と状況証拠がフ合した。 〔オ〕

26 新しい計画の実現にフ心する。 〔ア〕

27 才能に対する自フ心が強い。 〔イ〕

（ア 腐　イ 負　ウ 浮　エ 赴　オ 符）

28 駅前の雑踏をスり抜ける。 〔ウ〕

29 木立をスかして山を見る。 〔エ〕

30 心の底に敵意がスくう。 〔ア〕

（ア 巣　イ 住　ウ 擦　エ 透　オ 澄）

31 勝利のメ神がほほえんだ。 〔ウ〕

32 カボチャのメ花を観察する。 〔ア〕

33 熱い友情がメ生える。 〔エ〕

（ア 雌　イ 目　ウ 女　エ 芽　オ 召）

同音・同訓異字 2

33

●次の――線のカタカナにあてはまる漢字をそれぞれのア〜オから選び、記号を〔　〕に記入せよ。

1 とても意シの強い人であった。〔エ〕
2 種もシ掛けもない。〔オ〕
3 苦学して医シとなった。〔ア〕
（ア師　イ士　ウ旨　エ志　オ仕）

4 タン精込めて育てた菊だ。〔ア〕
5 心身タン錬のため武道を習う。〔ウ〕
6 落タンして吐息をついている。〔オ〕
（ア丹　イ嘆　ウ鍛　エ淡　オ胆）

7 内乱で国王がユウ閉された。〔エ〕
8 いかなるユウ惑にも負けない。〔イ〕
9 両国の関係悪化をユウ慮する。〔オ〕
（ア雄　イ誘　ウ遊　エ幽　オ憂）

10 二十四時間のタイ久レースだ。〔ウ〕
11 若い力のタイ動が感じられる。〔ア〕
12 病はこの地方一タイに広がった。〔オ〕
（ア胎　イ態　ウ耐　エ体　オ帯）

13 部下の心をショウ握する。〔イ〕
14 就職が決まらずショウ慮する。〔ア〕
15 言葉の乱れに警ショウを鳴らす。〔エ〕
（ア焦　イ掌　ウ詳　エ鐘　オ昇）

16 欧米の文化を模ホウする。〔エ〕
17 弟子としてホウ公する。〔ア〕
18 外科医が傷口をホウ合した。〔オ〕
（ア奉　イ崩　ウ抱　エ倣　オ縫）

19 豪カな外観の建物に圧倒される。〔オ〕
20 応募した作品が選外カ作になる。〔イ〕
21 事務室に電話をカ設する。〔エ〕
（ア花　イ佳　ウ加　エ架　オ華）

22 早急に善後サクを講じるべきだ。〔ウ〕
23 一時的にサク乱状態になった。〔エ〕
24 不要な箇所をサク除する。〔ア〕
（ア削　イ昨　ウ策　エ錯　オ作）

25 一人の選手がキ権してしまった。〔エ〕
26 光キある伝統を受け継ぐ。〔ウ〕
27 話し合いはキ妙な方向へ進んだ。〔イ〕
（ア鬼　イ奇　ウ輝　エ棄　オ寄）

28 気を引きシめて出直そう。〔エ〕
29 業者の買いシめで物価が上がる。〔ア〕
30 真綿で首をシめられる気分だ。〔イ〕
（ア占　イ絞　ウ閉　エ締　オ強）

31 大輪の花がサいている。〔エ〕
32 鼻をサすようなにおいがする。〔ウ〕
33 侍は刀を腰にサしていた。〔ア〕
（ア差　イ避　ウ刺　エ咲　オ指）

同音・同訓異字 3

●次の――線のカタカナにあてはまる漢字をそれぞれのア～オから選び、記号を［　］に記入せよ。

1 内シン書の公開を求める。［オ］
2 料理に香シン料を使う。［イ］
3 事業の売上高がシン長した。［エ］
（ア振　イ辛　ウ慎　エ伸　オ申）

4 調査委員を委ショクされた。［ウ］
5 ネズミの繁ショク力は強い。［ア］
6 衣ショク足りて礼節を知る。［オ］
（ア殖　イ植　ウ嘱　エ色　オ食）

7 収益に下降ケイ向が見える。［ウ］
8 父の事業をケイ承している。［エ］
9 拝ケイ、早春の候となりました。［オ］
（ア計　イ恵　ウ傾　エ継　オ啓）

10 日本史における重要な分キ点だ。［ア］
11 キ引きの届けを会社に提出する。［イ］
12 事業成功のキ跡をたどる。［エ］
（ア岐　イ忌　ウ幾　エ軌　オ気）

13 驚きのあまり挙ソを失う。［オ］
14 基ソ的なことから学習する。［エ］
15 食べ物をソ末にしてはいけない。［ア］
（ア粗　イ訴　ウ素　エ礎　オ措）

16 新しい年を迎えて感ガイ無量だ。 〔エ〕

17 ガイ当する項目に印をつける。 〔ウ〕

18 事件のガイ況を伝える。 〔ア〕

(ア概　イ外　ウ該　エ慨　オ街)

19 人道主義をコ吹する。 〔エ〕

20 不況のためコ用情勢が悪化した。 〔オ〕

21 後コの憂いのないようにする。 〔ア〕

(ア顧　イ枯　ウ誇　エ鼓　オ雇)

22 シダのホウ子を観察した。 〔ウ〕

23 ホウ食の時代といわれている。 〔ア〕

24 伝統的なホウ楽に関心が強い。 〔イ〕

(ア飽　イ邦　ウ胞　エ奉　オ倣)

25 終始一カン値上げに反対した。 〔エ〕

26 カン臓の病気で入院する。 〔イ〕

27 多くの田畑がカン水した。 〔ア〕

(ア冠　イ肝　ウ感　エ貫　オ乾)

28 筆をトって署名する。 〔ウ〕

29 孫の成長をビデオにトっている。 〔イ〕

30 窓から明かりをトり入れる。 〔ア〕

(ア採　イ撮　ウ執　エ説　オ留)

31 池のハタに風流な茶店がある。 〔イ〕

32 ハタ織り虫が鳴いている。 〔オ〕

33 一方のハタ頭として有名だ。 〔エ〕

(ア畑　イ端　ウ裸　エ旗　オ機)

同音・同訓異字 4

次の——線のカタカナにあてはまる漢字をそれぞれのア～オから選び、記号を〔 〕に記入せよ。

1 騒動が起こるのをソ止した。 〔ア〕
2 性質がソ暴で人間味に乏しい。 〔エ〕
3 予算を増やすソ置がとられた。 〔ウ〕
（ア 阻　イ 訴　ウ 措　エ 粗　オ 素）

4 水道管が破裂し漏スイした。 〔ウ〕
5 彼は西洋哲学に心スイしている。 〔エ〕
6 所もわきまえぬ不スイな行為だ。 〔オ〕
（ア 垂　イ 推　ウ 水　エ 酔　オ 粋）

7 様々な思惑が交サクする。 〔ア〕
8 作文の添サクをする。 〔イ〕
9 サク夜起きた事故が報道された。 〔オ〕
（ア 錯　イ 削　ウ 策　エ 作　オ 昨）

10 車中で足のコウを踏まれた。 〔ア〕
11 名匠の技コウの高さに感心する。 〔イ〕
12 かつて炭コウで栄えた町だ。 〔オ〕
（ア 甲　イ 巧　ウ 公　エ 功　オ 坑）

13 話はカ境に入ってきた。 〔ア〕
14 誤りのカ所がないか探す。 〔オ〕
15 カ麗なドレスで会場を魅了する。 〔ウ〕
（ア 佳　イ 果　ウ 華　エ 暇　オ 箇）

／33

16 病人を皆でカイ護している。〔イ〕
17 二人は見カイを異にしている。〔エ〕
18 薬が効きカイ方に向かった。〔ア〕
（ア快　イ介　ウ会　エ解　オ開）

19 古い部品を交カンする。〔イ〕
20 ご自由にごカン談ください。〔オ〕
21 友人をカン誘して入会させた。〔ウ〕
（ア喚　イ換　ウ勧　エ観　オ歓）

22 子どもに恐フ心を与えるな。〔オ〕
23 神社の護フを身につけている。〔イ〕
24 外国へフ任することになった。〔ア〕
（ア赴　イ符　ウ普　エ浮　オ怖）

25 利害をチョウ越した行動をとる。〔エ〕
26 大学のチョウ講生になった。〔ウ〕
27 チョウ像の除幕式が行われた。〔オ〕
（ア徴　イ丁　ウ聴　エ超　オ彫）

28 例をアげて説明する。〔ア〕
29 野菜の天ぷらをアげる。〔イ〕
30 お祝いの品物を差しアげる。〔ウ〕
（ア挙　イ揚　ウ上　エ明　オ開）

31 卵をトいてオムレツを作る。〔オ〕
32 契約は今月末でトくことにした。〔ア〕
33 情勢をトいて出馬を勧めた。〔ウ〕
（ア解　イ研　ウ説　エ遂　オ溶）

同音・同訓異字 5

●次の——線のカタカナにあてはまる漢字をそれぞれのア～オから選び、記号を〔　〕に記入せよ。

1 準備タイ勢を整えて待つ。〔エ〕
2 機械を使って勤タイ管理をする。〔ア〕
3 盗難事件の犯人がタイ捕された。〔ウ〕
（ア怠　イ対　ウ逮　エ態　オ代）

4 人権ヨウ護に尽力している。〔エ〕
5 景気の浮ヨウ対策を急ぐ。〔イ〕
6 民族舞ヨウの名手だった。〔ア〕
（ア踊　イ揚　ウ謡　エ擁　オ揺）

7 選タクの仕方はいつも穏当だ。〔ア〕
8 新しい研究分野を開タクした。〔イ〕
9 隔日勤務の嘱タク社員だ。〔オ〕
（ア択　イ拓　ウ沢　エ宅　オ託）

10 これをケイ機に方針を改める。〔ア〕
11 早起きをケイ続している。〔ウ〕
12 ケイ期を終えて釈放された。〔エ〕
（ア契　イ警　ウ継　エ刑　オ景）

13 父にはホウ建的なところがある。〔イ〕
14 号ホウを合図に出発した。〔オ〕
15 茶室にホウ香が漂っている。〔エ〕
（ア奉　イ封　ウ肪　エ芳　オ砲）

／33

16 食品業界へ進出をキ図している。〔エ〕
17 被告が裁判官をキ避する。〔イ〕
18 全く常キを超えた言動だ。〔ア〕
（ア軌　イ忌　ウ既　エ企　オ祈）

19 都心からコウ外に引っ越した。〔オ〕
20 開発案に強コウに抗議する。〔ア〕
21 ビールはコウ母の働きでできる。〔ウ〕
（ア硬　イ拘　ウ酵　エ孔　オ郊）

22 文の主シをしっかりとらえよ。〔オ〕
23 社会福シの仕事に取り組む。〔イ〕
24 政府のシ問機関として設ける。〔ア〕
（ア諮　イ祉　ウ支　エ史　オ旨）

25 事件の輪カクが明らかになる。〔ウ〕
26 文明からカク絶された所だ。〔ア〕
27 旅行で大きな収カクがあった。〔オ〕
（ア隔　イ較　ウ郭　エ獲　オ穫）

28 ほおが赤みをオびる。〔ウ〕
29 母のオい立ちを聞いた。〔オ〕
30 オしまれつつ世を去った。〔イ〕
（ア置　イ惜　ウ帯　エ推　オ生）

31 古代人はカりで生活をしていた。〔イ〕
32 牧草をカるのを手伝う。〔ウ〕
33 突然不安にカられた。〔ア〕
（ア駆　イ狩　ウ刈　エ借　オ枯）

同音・同訓異字 6

● 次の――線のカタカナにあてはまる漢字をそれぞれのア～オから選び、記号を〔　〕に記入せよ。

1 溶かした鉄を**チュウ**造する。〔ウ〕
2 海外支店の**チュウ**在員となった。〔ア〕
3 **チュウ**象画を見て感動した。〔イ〕
（ア駐　イ抽　ウ鋳　エ忠　オ注）

4 **サイ**促されないうちに提出せよ。〔ア〕
5 記**サイ**事項に誤りはありません。〔ウ〕
6 ぜいたくを言えば**サイ**限がない。〔イ〕
（ア催　イ際　ウ載　エ債　オ最）

7 開会式で国旗を**ケイ**揚する。〔ウ〕
8 古くから闘**ケイ**の盛んな所だ。〔ア〕
9 十分間の休**ケイ**を取る。〔イ〕
（ア鶏　イ憩　ウ掲　エ兄　オ刑）

10 意**ショウ**を凝らした作品だ。〔イ〕
11 固体から気体に**ショウ**華する。〔オ〕
12 液**ショウ**表示が大変多くなった。〔ウ〕
（ア消　イ匠　ウ晶　エ詳　オ昇）

13 波**ロウ**注意報が発表された。〔イ〕
14 **ロウ**電によって火事が起こる。〔オ〕
15 砂上の**ロウ**閣のような計画だ。〔エ〕
（ア廊　イ浪　ウ朗　エ楼　オ漏）

16 エン天下の工事現場で働く。
17 創立記念の祝エンが行われた。
18 正月にエン起物を買った。
（ア沿　イ炎　ウ縁　エ宴　オ塩）

〔イ〕〔エ〕〔ウ〕

19 新しい分ジョウ住宅に転居した。
20 ジョウ談を言う状況ではない。
21 盗難を防ぐためジョウをかける。
（ア畳　イ錠　ウ冗　エ嬢　オ譲）

〔オ〕〔ウ〕〔イ〕

22 後カイ先に立たずという。
23 金カイを地中に埋める。
24 昔をカイ顧して胸が一杯になる。
（ア介　イ悔　ウ回　エ壊　オ塊）

〔イ〕〔オ〕〔ウ〕

25 多量のヨウ岩が流出した。
26 立候補者をヨウ立する。
27 心の動ヨウは隠しきれなかった。
（ア要　イ溶　ウ踊　エ揺　オ擁）

〔イ〕〔オ〕〔エ〕

28 はさみで布地をタつ。
29 三日前から酒をタっている。
30 消息をタち行方不明だ。
（ア絶　イ建　ウ断　エ裁　オ立）

〔エ〕〔ウ〕〔ア〕

31 晴天続きで田がヒ上がる。
32 闘志を胸にヒめている。
33 難しい曲をヒきこなす。
（ア弾　イ冷　ウ干　エ秘　オ引）

〔ウ〕〔エ〕〔ア〕

同音・同訓異字 7

次の――線のカタカナにあてはまる漢字をそれぞれのア～オから選び、記号を〔　〕に記入せよ。

1 私はト炭の苦しみをなめた。〔イ〕
2 前ト有望な新人が多く入賞した。〔エ〕
3 真情をト露した手紙をもらった。〔ア〕
（ア 吐　イ 塗　ウ 登　エ 途　オ 渡）

4 読んでケイ発されるような本だ。〔ウ〕
5 汚職事件が新聞にケイ載された。〔エ〕
6 ケイ帯電話が普及している。〔オ〕
（ア 継　イ 憩　ウ 啓　エ 掲　オ 携）

7 夜間の騒音は安眠をボウ害する。〔エ〕
8 仲間と共ボウして盗みを働いた。〔オ〕
9 難民は耐ボウ生活を強いられた。〔ア〕
（ア 乏　イ 傍　ウ 忙　エ 妨　オ 謀）

10 南極ではレイ下五十度にもなる。〔ア〕
11 レイ魂の存在を信じる人もいる。〔ウ〕
12 早寝早起きをレイ行しよう。〔イ〕
（ア 零　イ 励　ウ 霊　エ 齢　オ 礼）

13 合宿所では自スイ生活を送った。〔エ〕
14 新聞から関係記事を抜スイする。〔イ〕
15 高熱が続きスイ弱が激しい。〔ウ〕
（ア 酔　イ 粋　ウ 衰　エ 炊　オ 推）

／33

16 荒れ地をカイ墾して畑を作った。　〔エ〕
17 夏の夜にカイ談をする。　〔イ〕
18 百科事典を全面的にカイ訂する。　〔オ〕
（ア 皆　イ 怪　ウ 解　エ 開　オ 改）

19 タコの足には吸バンがある。　〔ウ〕
20 野バンな行為はやめなさい。　〔イ〕
21 用意バン端ととのえる。　〔ア〕
（ア 万　イ 蛮　ウ 盤　エ 伴　オ 判）

22 現地の在留ホウ人を救助した。　〔イ〕
23 ホウ仕の精神を身につけよう。　〔ウ〕
24 大雨のため堤防がホウ壊した。　〔オ〕
（ア 放　イ 邦　ウ 奉　エ 報　オ 崩）

25 ショウ撃的な事件が続発する。　〔エ〕
26 雪の結ショウを観察する。　〔ウ〕
27 巨ショウの名に恥じない作品だ。　〔オ〕
（ア 昇　イ 焦　ウ 晶　エ 衝　オ 匠）

28 家計を巧みにキり盛りする。　〔イ〕
29 うっとりと演奏にキき入った。　〔ア〕
30 薬がキいて痛みがやわらいだ。　〔オ〕
（ア 聴　イ 切　ウ 決　エ 着　オ 効）

31 眼光鋭く人をイるようだ。　〔イ〕
32 起業には多くの資本がイる。　〔ア〕
33 金属を溶かして型でイる。　〔オ〕
（ア 要　イ 射　ウ 入　エ 居　オ 鋳）

漢字識別 1

/20

1 次の**1**～**5**の三つの□に**共通する漢字**を入れて熟語を作れ。漢字は**ア～コ**から選び、記号を（　）に記入せよ。

1 □行・□然・勇□　（キ）

2 安□・平□・□和　（ケ）

3 □服・□明・超□　（オ）

4 暗□・賢□・□鈍　（ク）

5 □動・□突・要□　（ア）

ア 衝　イ 同　ウ 静　エ 君　オ 克
カ 不　キ 敢　ク 愚　ケ 穏　コ 激

2 次の**1**～**5**の三つの□に**共通する漢字**を入れて熟語を作れ。漢字は**ア～コ**から選び、記号を（　）に記入せよ。

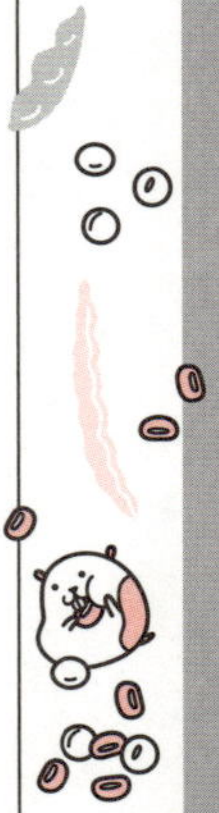

1 技□・精□・□言　（オ）

2 委□・□児・嘱□　（イ）

3 栄□・弱□・□水　（ウ）

4 □声・□勇・野□　（ア）

5 大□・不□・□凶　（キ）

ア 蛮　イ 託　ウ 冠　エ 養　オ 巧
カ 工　キ 吉　ク 閉　ケ 毒　コ 安

3 次の1～5の三つの□に**共通する漢字**を入れて熟語を作れ。漢字は**ア～コ**から選び、記号を（　）に記入せよ。

1 □閣・高□・鐘□　（キ）
2 奇□・□談・□物　（ア）
3 □才・躍□・欠□　（ク）
4 催□・□進・□成　（イ）
5 □位・女□・大□　（エ）

ア 怪　イ 促　ウ 内　エ 帝　オ 前
カ 地　キ 楼　ク 如　ケ 人　コ 秀

4 次の1～5の三つの□に**共通する漢字**を入れて熟語を作れ。漢字は**ア～コ**から選び、記号を（　）に記入せよ。

1 湿□・□色・□滑　（ウ）
2 □暑・肺□・気□　（ケ）
3 求□・□事・□期　（オ）
4 □解・□承・完□　（カ）
5 老□・盛□・□弱　（イ）

ア 婚　イ 衰　ウ 潤　エ 気　オ 刑
カ 了　キ 病　ク 不　ケ 炎　コ 朽

漢字識別 2

1 次の1〜5の三つの□に**共通する漢字**を入れて熟語を作れ。漢字は**ア〜コ**から選び、記号を（　）に記入せよ。

1 □紀・□領・大□　（イ）
2 互□・分□・□歩　（ケ）
3 □離・□世・遠□　（ウ）
4 絶□・□作・□人　（キ）
5 □道・常□・広□　（ア）

ア 軌　イ 綱　ウ 隔　エ 世　オ 角
カ 人　キ 佳　ク 対　ケ 譲　コ 来

2 次の1〜5の三つの□に**共通する漢字**を入れて熟語を作れ。漢字は**ア〜コ**から選び、記号を（　）に記入せよ。

1 歌□・墓□・□文　（ア）
2 □示・□発・拝□　（コ）
3 公□・負□・□権　（イ）
4 □促・□涙・共□　（ク）
5 興□・□起・□盛　（ウ）

ア 碑　イ 債　ウ 隆　エ 奮　オ 採
カ 石　キ 掲　ク 催　ケ 済　コ 啓

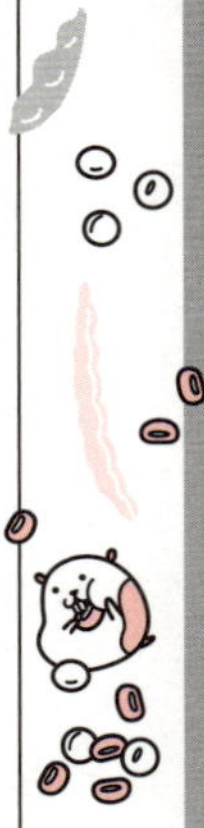

／20

3 次の1～5の三つの□に**共通する漢字**を入れて熟語を作れ。漢字は**ア～コ**から選び、記号を（　）に記入せよ。

1 □覧・検□・校□　（ケ）

2 □栄・□心・空□　（ア）

3 破□・放□・□権　（イ）

4 □感・□峰・□妙　（ク）

5 栄□・豪□・□美　（コ）

ア 虚	イ 棄	ウ 共	エ 主	オ 光
カ 人	キ 下	ク 霊	ケ 閲	コ 華

4 次の1～5の三つの□に**共通する漢字**を入れて熟語を作れ。漢字は**ア～コ**から選び、記号を（　）に記入せよ。

1 □胆・□油・□心　（オ）

2 出□・□影・□船　（キ）

3 □前・手□・□剤　（ア）

4 □数・□然・配□　（ク）

5 白□・石□・□跡　（ケ）

ア 錠	イ 分	ウ 魂	エ 現	オ 肝
カ 工	キ 帆	ク 偶	ケ 墨	コ 米

漢字識別 3

1 次の**1**～**5**の三つの□に**共通する漢字**を入れて熟語を作れ。漢字は**ア～コ**から選び、記号を（　）に記入せよ。

1 起□・潜□・□線（ク）
2 火□・□祭・埋□（エ）
3 発□・□素・□母（コ）
4 □案・□定・□当（オ）
5 受□・母□・□生（イ）

ア 色	イ 胎	ウ 点	エ 葬	オ 勘	カ 年	キ 花	ク 伏	ケ 印	コ 酵

2 次の**1**～**5**の三つの□に**共通する漢字**を入れて熟語を作れ。漢字は**ア～コ**から選び、記号を（　）に記入せよ。

1 □護・□立・抱□（オ）
2 秘□・隠□・□名（エ）
3 □発・□導・勧□（ウ）
4 必□・連□・□帯（キ）
5 □行・□設・実□（ア）

ア 施	イ 現	ウ 誘	エ 匿	オ 擁	カ 密	キ 携	ク 告	ケ 養	コ 勝

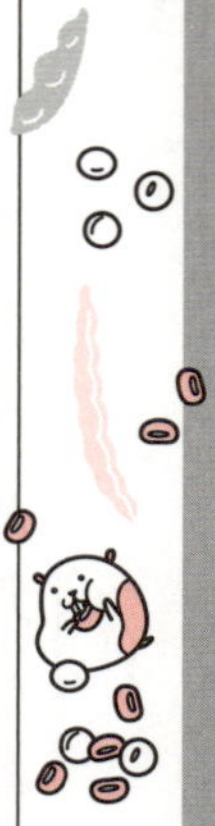

/20

3 次の**1～5**の三つの□に**共通する漢字**を入れて熟語を作れ。漢字は**ア～コ**から選び、記号を（　）に記入せよ。

1 円□・潤□・□空　（イ）

2 □縮・□展・屈□　（ケ）

3 長□・天□・喜□　（コ）

4 □人・放□・□費　（ウ）

5 □相・□亡・破□　（カ）

ア 死	イ 滑	ウ 浪	エ 天	オ 進
カ 滅	キ 失	ク 使	ケ 伸	コ 寿

4 次の**1～5**の三つの□に**共通する漢字**を入れて熟語を作れ。漢字は**ア～コ**から選び、記号を（　）に記入せよ。

1 極□・□罰・処□　（ク）

2 □算・□略・気□　（エ）

3 異□・本□・□訳　（カ）

4 □上・教□・画□　（オ）

5 強□・□質・□貨　（キ）

ア 大	イ 計	ウ 頭	エ 概	オ 壇
カ 邦	キ 硬	ク 刑	ケ 質	コ 気

1 次の**1~5**の三つの□に**共通する漢字**を入れて熟語を作れ。漢字は**ア~コ**から選び、記号を（　）に記入せよ。

1 再□・□議・□査（コ）

2 □車・□在・進□（カ）

3 金□・入□・□夫（イ）

4 □王・邪□・病□（ケ）

5 細□・同□・□子（ク）

ア 会	イ 坑	ウ 教	エ 心	オ 山
カ 駐	キ 自	ク 胞	ケ 魔	コ 審

2 次の**1~5**の三つの□に**共通する漢字**を入れて熟語を作れ。漢字は**ア~コ**から選び、記号を（　）に記入せよ。

1 単□・□馬・□乗（キ）

2 □風・□走・□駆（ケ）

3 内□・□争・□失（ア）

4 □学・□理・賢□（ウ）

5 禁□・□師・□奇（オ）

ア 紛	イ 業	ウ 哲	エ 地	オ 猟
カ 調	キ 騎	ク 戦	ケ 疾	コ 山

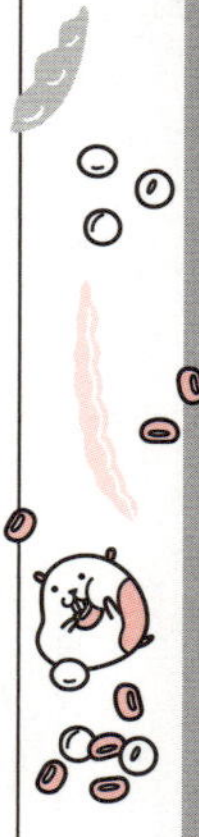

/20

3 次の1〜5の三つの□に**共通する漢字**を入れて熟語を作れ。漢字は**ア〜コ**から選び、記号を（　）に記入せよ。

1 □行・□筆・付□（ア）
2 解□・□死・□傷（キ）
3 高□・掲□・□水（ウ）
4 □影・□滅・変□（ケ）
5 精□・霊□・□胆（オ）

ア 随　イ 悪　ウ 揚　エ 決　オ 魂
カ 給　キ 凍　ク 通　ケ 幻　コ 点

4 次の1〜5の三つの□に**共通する漢字**を入れて熟語を作れ。漢字は**ア〜コ**から選び、記号を（　）に記入せよ。

1 □球・□抜・円□（カ）
2 共□・無□・□略（イ）
3 除□・国□・書□（ク）
4 暴□・悪□・□待（エ）
5 □内・□曲・港□（コ）

ア 学　イ 謀　ウ 内　エ 虐　オ 弾
カ 卓　キ 選　ク 籍　ケ 君　コ 湾

漢字識別 5

/20

1 次の1～5の三つの□に**共通する漢字**を入れて熟語を作れ。漢字は**ア～コ**から選び、記号を（　）に記入せよ。

1　□調・□惜・悲□　（カ）

2　□起・□問・召□　（イ）

3　□状・金□・団□　（コ）

4　満□・□煙・□茶　（ク）

5　書□・担□・□空　（エ）

ア　恋	イ　喚	ウ　水	エ　架	オ　体
カ　哀	キ　子	ク　喫	ケ　発	コ　塊

2 次の1～5の三つの□に**共通する漢字**を入れて熟語を作れ。漢字は**ア～コ**から選び、記号を（　）に記入せよ。

1　□号・音□・切□　（コ）

2　幼□・□魚・□気　（ウ）

3　□過・□人・□越　（カ）

4　応□・□集・□金　（イ）

5　□産・人□・牧□　（ケ）

ア　信	イ　募	ウ　稚	エ　虫	オ　通
カ　超	キ　生	ク　召	ケ　畜	コ　符

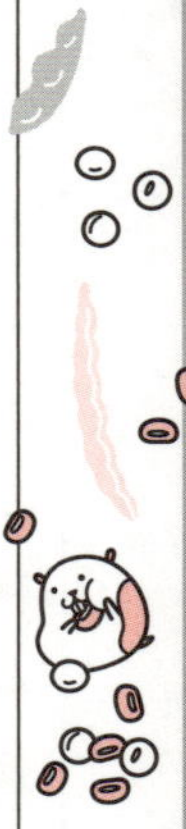

3 次の1〜5の三つの□に**共通する漢字**を入れて熟語を作れ。漢字は**ア〜コ**から選び、記号を（　）に記入せよ。

1 □気・□金・交□ （オ）
2 拝□・傍□・□覚 （ケ）
3 □願・□求・申□ （カ）
4 完□・未□・□行 （ウ）
5 □減・添□・掘□ （イ）

ア 通	イ 削	ウ 遂	エ 観	オ 換
カ 請	キ 祈	ク 了	ケ 聴	コ 加

4 次の1〜5の三つの□に**共通する漢字**を入れて熟語を作れ。漢字は**ア〜コ**から選び、記号を（　）に記入せよ。

1 画□・回□・□下 （エ）
2 □行・勉□・激□ （カ）
3 円□・□墓・古□ （オ）
4 □走・□奏・同□ （ク）
5 原□・名□・□記 （キ）

ア 数	イ 曲	ウ 強	エ 廊	オ 墳
カ 励	キ 簿	ク 伴	ケ 炎	コ 独

熟語の構成 1

熟語の構成のしかたには次のようなものがある。

ア　同じような意味の漢字を重ねたもの　（岩石）
イ　反対または対応の意味を表す字を重ねたもの　（高低）
ウ　上の字が下の字を修飾しているもの　（洋画）
エ　下の字が上の字の目的語・補語になっているもの　（着席）
オ　主語と述語の関係にあるもの　（地震）
カ　上の字が下の字の意味を打ち消しているもの　（非常）

次の熟語は右のア〜カのどれにあたるか、一つ選び、記号を（　）の中に記せ。

1 合掌（エ）
2 清濁（イ）
3 祝宴（ウ）
4 点滅（イ）
5 生没（イ）
6 別離（ア）
7 脱帽（エ）
8 救援（ア）
9 譲歩（エ）
10 無尽（カ）

11 緩慢（ア）
12 惜春（エ）
13 塗料（ウ）
14 喚声（ウ）
15 去来（イ）
16 不吉（カ）
17 浮沈（イ）
18 鎮魂（エ）
19 悦楽（ア）
20 粘液（ウ）

／60

21 概観（ウ）
22 鍛錬（ア）
23 滞空（エ）
24 歓喜（ア）
25 国営（オ）
26 舞踊（ア）
27 遅速（イ）
28 蛮勇（ウ）
29 駐輪（エ）
30 既婚（ウ）

31 運搬（ア）
32 脳波（ウ）
33 遊戯（ア）
34 不屈（カ）
35 湿潤（ア）
36 怪獣（ウ）
37 排他（エ）
38 乾燥（ア）
39 犠牲（ア）
40 魔法（ウ）

41 佳作（ウ）
42 添加（ア）
43 炎暑（ウ）
44 需給（イ）
45 栄枯（イ）
46 跳躍（ア）
47 未了（カ）
48 減刑（エ）
49 濫用（ウ）
50 解雇（エ）

51 密封（ウ）
52 都立（オ）
53 陰陽（イ）
54 締結（ア）
55 赴任（エ）
56 授受（イ）
57 裂傷（ウ）
58 慰霊（エ）
59 基礎（ア）
60 虚礼（ウ）

熟語の構成 2

/60

熟語の構成のしかたには次のようなものがある。

ア　同じような意味の漢字を重ねたもの　（**岩石**）
イ　反対または対応の意味を表す字を重ねたもの　（**高低**）
ウ　上の字が下の字を修飾しているもの　（**洋画**）
エ　下の字が上の字の目的語・補語になっているもの　（**着席**）
オ　主語と述語の関係にあるもの　（**地震**）
カ　上の字が下の字の意味を打ち消しているもの　（**非常**）

次の**熟語**は右の**ア～カ**のどれにあたるか、**一つ**選び、**記号**を（　）の中に記せ。

1 伴奏（ウ）
2 択一（エ）
3 喜悦（ア）
4 詳細（ア）
5 遅刻（エ）
6 夢幻（ア）
7 金塊（ウ）
8 屈伸（イ）
9 官営（オ）
10 不滅（カ）

11 遵法（エ）
12 貯蓄（ア）
13 掌握（ウ）
14 未踏（カ）
15 因果（イ）
16 破戒（エ）
17 虚実（イ）
18 暫時（ウ）
19 日照（オ）
20 波浪（ア）

21 昇降（イ）
22 雷鳴（オ）
23 錯誤（ア）
24 隠匿（ア）
25 抑揚（イ）
26 粗密（イ）
27 債務（ウ）
28 免責（エ）
29 硬貨（ウ）
30 貧乏（ア）

31 徐行（ウ）
32 愚問（ウ）
33 栄辱（イ）
34 耐震（エ）
35 経緯（イ）
36 幼稚（ア）
37 護符（ウ）
38 炊飯（エ）
39 拘束（ア）
40 無粋（カ）

41 汚職（エ）
42 魅力（ウ）
43 彼我（イ）
44 仰天（エ）
45 墜落（ア）
46 功罪（イ）
47 佳境（ウ）
48 捕鯨（エ）
49 孤独（ア）
50 登壇（エ）

51 公立（オ）
52 賢明（ア）
53 尊卑（イ）
54 家畜（ウ）
55 倹約（ア）
56 邦楽（ウ）
57 不朽（カ）
58 哲人（ウ）
59 抜歯（エ）
60 即位（エ）

熟語の構成のしかたには次のようなものがある。

ア 同じような意味の漢字を重ねたもの (**岩石**)

イ 反対または対応の意味を表す字を重ねたもの (**高低**)

ウ 上の字が下の字を修飾しているもの (**洋画**)

エ 下の字が上の字の目的語・補語になっているもの (**着席**)

オ 主語と述語の関係にあるもの (**地震**)

カ 上の字が下の字の意味を打ち消しているもの (**非常**)

次の**熟語**は右の**ア〜カ**のどれにあたるか、**一つ**選び、**記号**を( )の中に記せ。

1 民営 (オ)

2 朗詠 (ウ)

3 諾否 (イ)

4 封鎖 (ア)

5 追跡 (エ)

6 濃紺 (ウ)

7 不惑 (カ)

8 霊魂 (ア)

9 盛衰 (イ)

10 無謀 (カ)

11 遭難 (エ)

12 暫定 (ウ)

13 日没 (オ)

14 丘陵 (ア)

15 鼓膜 (ウ)

16 添削 (イ)

17 崩壊 (ア)

18 正邪 (イ)

19 移籍 (エ)

20 芳香 (ウ)

/60

21 悲哀（ア）
22 沈潜（ア）
23 卓説（ウ）
24 禁猟（エ）
25 娯楽（ア）
26 暖炉（ウ）
27 慕情（ウ）
28 天授（オ）
29 起伏（イ）
30 求職（エ）

31 呼応（イ）
32 岐路（ウ）
33 膨張（ア）
34 匿名（エ）
35 首尾（イ）
36 湖畔（ウ）
37 贈答（イ）
38 不遇（カ）
39 破裂（ア）
40 廉価（ウ）

41 抜群（エ）
42 撮影（エ）
43 敢闘（ウ）
44 携帯（ア）
45 鶏舎（ウ）
46 催眠（エ）
47 未婚（カ）
48 緩急（イ）
49 愚劣（ア）
50 摂取（ア）

51 予測（ウ）
52 護身（エ）
53 皮膚（ア）
54 奇遇（ウ）
55 換言（エ）
56 人造（オ）
57 排斥（ア）
58 昇格（エ）
59 送迎（イ）
60 加減（イ）

熟語の構成 4

●**熟語の構成**のしかたには次のようなものがある。

ア　同じような意味の漢字を重ねたもの　（**岩石**）
イ　反対または対応の意味を表す字を重ねたもの　（**高低**）
ウ　上の字が下の字を修飾しているもの　（**洋画**）
エ　下の字が上の字の目的語・補語になっているもの　（**着席**）
オ　主語と述語の関係にあるもの　（**地震**）
カ　上の字が下の字の意味を打ち消しているもの　（**非常**）

次の**熟語**は右の**ア～カ**のどれにあたるか、**一つ**選び、**記号**を（　）の中に記せ。

1　抱擁　（ア）
2　賢者　（ウ）
3　雅俗　（イ）
4　不粋　（カ）
5　魔力　（ウ）
6　県営　（オ）
7　祈念　（ア）
8　惜別　（エ）
9　哀楽　（イ）
10　乾湿　（イ）

11　修繕　（ア）
12　喫煙　（エ）
13　稚魚　（ウ）
14　年長　（オ）
15　鶏卵　（ウ）
16　養豚　（エ）
17　未熟　（カ）
18　棄権　（エ）
19　開墾　（ア）
20　偶発　（ウ）

／60

21 延期 （エ）
22 脅威 （ア）
23 海賊 （ウ）
24 未納 （カ）
25 愛憎 （イ）
26 観劇 （エ）
27 気鋭 （オ）
28 悪癖 （ウ）
29 虐待 （ウ）
30 随意 （エ）

31 援助 （ア）
32 裸眼 （ウ）
33 漏電 （エ）
34 企図 （ア）
35 安危 （イ）
36 過誤 （ア）
37 隔世 （エ）
38 不審 （カ）
39 得失 （イ）
40 騎兵 （ウ）

41 朗報 （ウ）
42 喜怒 （イ）
43 栄冠 （ウ）
44 既成 （ウ）
45 比較 （ア）
46 避難 （エ）
47 敢行 （ウ）
48 架空 （エ）
49 天覧 （オ）
50 怪盗 （ウ）

51 是非 （イ）
52 恒常 （ア）
53 違法 （エ）
54 排尿 （エ）
55 訂正 （ア）
56 依頼 （ア）
57 脱藩 （エ）
58 町立 （オ）
59 精粗 （イ）
60 完遂 （ウ）

熟語の構成

5

●**熟語の構成**のしかたには次のようなものがある。

ア　同じような意味の漢字を重ねたもの　（**岩石**）
イ　反対または対応の意味を表す字を重ねたもの　（**高低**）
ウ　上の字が下の字を修飾しているもの　（**洋画**）
エ　下の字が上の字の目的語・補語になっているもの　（**着席**）
オ　主語と述語の関係にあるもの　（**地震**）
カ　上の字が下の字の意味を打ち消しているもの　（**非常**）

次の**熟語**は右の**ア～カ**のどれにあたるか、**一つ**選び、**記号**を（　）の中に記せ。

1 尽力（エ）
2 県立（オ）
3 概説（ウ）
4 恥辱（ア）
5 除籍（エ）
6 帆船（ウ）
7 不穏（カ）
8 辛勝（ウ）
9 勉励（ア）
10 鶏鳴（オ）

11 巧妙（ア）
12 哀歓（イ）
13 憂国（エ）
14 覚悟（ア）
15 未遂（カ）
16 小憩（ウ）
17 鎮火（エ）
18 吉凶（イ）
19 廉売（ウ）
20 抑圧（ア）

／60

21 賢愚（イ）
22 翻意（エ）
23 山岳（ア）
24 喫茶（エ）
25 鐘楼（ウ）
26 伸縮（イ）
27 無為（カ）
28 選択（ア）
29 訪欧（エ）
30 激減（ウ）

31 請求（ア）
32 気絶（オ）
33 帰郷（エ）
34 開幕（エ）
35 濃淡（イ）
36 豚舎（ウ）
37 優劣（イ）
38 賞罰（イ）
39 彫刻（ア）
40 空虚（ア）

41 慈雨（ウ）
42 古墳（ウ）
43 駐車（エ）
44 錠剤（ウ）
45 握手（エ）
46 濫造（ウ）
47 未詳（カ）
48 遭遇（ア）
49 慰労（エ）
50 硬球（ウ）

51 恐怖（ア）
52 公営（オ）
53 検尿（エ）
54 出没（イ）
55 微量（ウ）
56 隆盛（ア）
57 精密（ア）
58 提訴（エ）
59 衝突（ア）
60 孤島（ウ）

部首 1

●次の漢字の**部首**を**ア～エ**から選び、**記号**を〔　〕に記入せよ。

1 敢（ア 二　イ 耳　ウ 攵　エ 工）〔ウ〕

2 赦（ア 攵　イ 赤　ウ 土　エ ⺌）〔イ〕

3 暫（ア 日　イ 車　ウ 斤　エ 亅）〔ア〕

4 載（ア 弋　イ 土　ウ 戈　エ 車）〔エ〕

5 誉（ア ⺍　イ 言　ウ 八　エ 口）〔イ〕

6 窒（ア 宀　イ 至　ウ 穴　エ 土）〔ウ〕

7 慮（ア 心　イ 厂　ウ 虍　エ 田）〔ア〕

8 魔（ア 广　イ 鬼　ウ 麻　エ 木）〔イ〕

9 辱（ア 厂　イ 寸　ウ 一　エ 辰）〔エ〕

10 憂（ア 心　イ 冖　ウ 夊　エ 自）〔ア〕

11 哀（ア 亠　イ ノ　ウ 衣　エ 口）〔エ〕

12 乾（ア 十　イ 乙　ウ 日　エ 一）〔イ〕

13 寿（ア 寸　イ 一　ウ ノ　エ 二）〔ア〕

14 豪（ア 亠　イ 口　ウ 冖　エ 豕）〔エ〕

15 棄（ア 亠　イ 厶　ウ 木　エ 一）〔ウ〕

16 欧（ア ノ　イ 欠　ウ 匚　エ 丶）〔イ〕

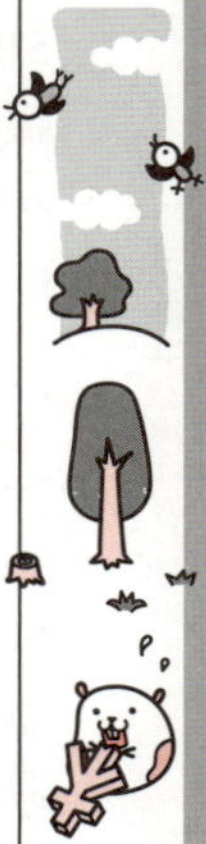

／36

17 画 （ア 田　イ 一　ウ 十　エ 凵）　【ア】

18 為 （ア ノ　イ 灬　ウ 丶　エ 勹）　【イ】

19 夢 （ア 艹　イ 罒　ウ 夕　エ 冖）　【ウ】

20 髪 （ア 髟　イ 彡　ウ 又　エ 長）　【ア】

21 膨 （ア 彡　イ 士　ウ 口　エ 月）　【エ】

22 務 （ア 夂　イ 力　ウ 矛　エ 方）　【イ】

23 幾 （ア 幺　イ 戈　ウ 弋　エ ノ）　【ア】

24 翼 （ア 田　イ 八　ウ 羽　エ 二）　【ウ】

25 聖 （ア 口　イ 耳　ウ 王　エ 一）　【イ】

26 衰 （ア 亠　イ 口　ウ 一　エ 衣）　【エ】

27 諮 （ア 口　イ 冫　ウ 言　エ 欠）　【ウ】

28 擁 （ア 隹　イ 亠　ウ 扌　エ 幺）　【ウ】

29 慕 （ア 艹　イ 日　ウ 大　エ 小）　【エ】

30 藩 （ア 艹　イ 氵　ウ 田　エ 釆）　【ア】

31 幕 （ア 艹　イ 日　ウ 巾　エ 大）　【ウ】

32 膜 （ア 艹　イ 月　ウ 日　エ 大）　【イ】

33 豚 （ア 月　イ 一　ウ 豸　エ 豕）　【エ】

34 廉 （ア 广　イ 八　ウ 亠　エ 丨）　【ア】

35 餓 （ア 人　イ 日　ウ 飠　エ 戈）　【ウ】

36 弧 （ア 弓　イ ノ　ウ 厶　エ 八）　【ア】

部首

部首 2

●次の漢字の**部首**を**ア〜エ**から選び、**記号**を（　）に記入せよ。

1 婆（ア 氵 イ 皮 ウ 女 エ 一）〔ウ〕

2 武（ア 止 イ 弋 ウ 丶 エ 二）〔ア〕

3 玄（ア 丶 イ 亠 ウ 幺 エ 玄）〔エ〕

4 蛮（ア 亠 イ 八 ウ 虫 エ 赤）〔ウ〕

5 励（ア ノ イ 厂 ウ 刀 エ 力）〔エ〕

6 婿（ア 止 イ 女 ウ 疋 エ 月）〔イ〕

7 隷（ア 士 イ 示 ウ 隶 エ 氺）〔ウ〕

8 吏（ア 口 イ 一 ウ 人 エ 入）〔ア〕

9 髄（ア 辶 イ 骨 ウ 月 エ 門）〔イ〕

10 廊（ア 广 イ 良 ウ 日 エ 阝）〔ア〕

11 舞（ア ノ イ 一 ウ 夕 エ 舛）〔エ〕

12 審（ア 田 イ 米 ウ 木 エ 宀）〔エ〕

13 譲（ア 言 イ 亠 ウ 衣 エ 口）〔ア〕

14 敷（ア 方 イ 攵 ウ 丶 エ 田）〔イ〕

15 縫（ア 糸 イ 辶 ウ 夂 エ 幺）〔ア〕

16 欄（ア 門 イ 日 ウ 口 エ 木）〔エ〕

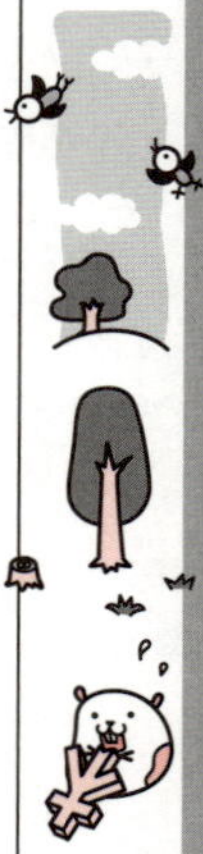

/36

17 削（ア ⺌　イ 刂　ウ ⺍　エ 月）〔イ〕

18 殴（ア 殳　イ 几　ウ 又　エ 匚）〔ア〕

19 虐（ア 广　イ 虍　ウ ト　エ 匚）〔イ〕

20 酵（ア 酉　イ 耂　ウ 子　エ 一）〔ア〕

21 辞（ア 立　イ 口　ウ 舌　エ 辛）〔エ〕

22 愛（ア 爫　イ 冖　ウ 夂　エ 心）〔エ〕

23 街（ア 彳　イ 土　ウ 行　エ 二）〔ウ〕

24 掌（ア ⺌　イ 口　ウ 冖　エ 手）〔エ〕

25 憲（ア 心　イ 宀　ウ 罒　エ 王）〔ア〕

26 覚（ア 見　イ 儿　ウ ⺍　エ 目）〔ア〕

27 周（ア 口　イ 土　ウ 冂　エ 几）〔ア〕

28 壱（ア 冖　イ 一　ウ 匕　エ 士）〔エ〕

29 斜（ア 人　イ 斗　ウ 示　エ 小）〔イ〕

30 畜（ア 亠　イ 田　ウ 厶　エ 幺）〔イ〕

31 覆（ア 覀　イ 彳　ウ 夂　エ 日）〔ア〕

32 崩（ア 月　イ 一　ウ 凵　エ 山）〔エ〕

33 雇（ア 隹　イ 戸　ウ 一　エ 尸）〔ア〕

34 牲（ア ノ　イ 牜　ウ 生　エ 扌）〔イ〕

35 喚（ア 大　イ 八　ウ 口　エ 冂）〔ウ〕

36 墨（ア 灬　イ 黒　ウ 曰　エ 土）〔エ〕

次の漢字の**部首**をア〜エから選び、**記号**を【 】に記入せよ。

1 冠 （ア 寸　イ ノ　ウ 儿　エ 冖）【エ】

2 搬 （ア 又　イ 殳　ウ 舟　エ 扌）【エ】

3 透 （ア 辶　イ 禾　ウ ノ　エ 木）【ア】

4 魂 （ア 儿　イ ム　ウ 鬼　エ ノ）【ウ】

5 某 （ア 甘　イ 木　ウ 一　エ 日）【イ】

6 厘 （ア 厂　イ 里　ウ 田　エ 一）【ア】

7 厳 （ア 攵　イ ⺍　ウ 厂　エ 耳）【イ】

8 風 （ア 風　イ 虫　ウ 几　エ ノ）【ア】

9 致 （ア 夊　イ 至　ウ 土　エ ム）【イ】

10 奉 （ア 人　イ 二　ウ 十　エ 大）【エ】

11 卑 （ア 田　イ ノ　ウ 十　エ 白）【ウ】

12 奥 （ア ノ　イ 冂　ウ 米　エ 大）【エ】

13 夜 （ア 亠　イ 夕　ウ 亻　エ 夂）【イ】

14 賊 （ア 丶　イ 十　ウ 戈　エ 貝）【エ】

15 善 （ア 口　イ 八　ウ 一　エ 羊）【ア】

16 魅 （ア 儿　イ 田　ウ ム　エ 鬼）【エ】

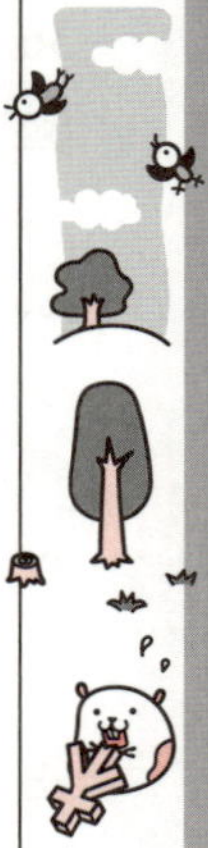

/36

17 郭（ア 亠　イ 口　ウ 子　エ 阝）〔エ〕

18 緊（ア 匚　イ 又　ウ 糸　エ 臣）〔ウ〕

19 斥（ア ノ　イ 丨　ウ 斤　エ 丶）〔ウ〕

20 斗（ア 丶　イ 丨　ウ 斗　エ 十）〔ウ〕

21 奪（ア 隹　イ 寸　ウ 人　エ 大）〔エ〕

22 出（ア 丨　イ 山　ウ 中　エ 凵）〔エ〕

23 皆（ア 日　イ 匕　ウ 白　エ 比）〔ウ〕

24 民（ア 氏　イ 口　ウ 二　エ 弋）〔ア〕

25 慰（ア 尸　イ 示　ウ 寸　エ 心）〔エ〕

26 忌（ア 乙　イ 己　ウ 心　エ 一）〔ウ〕

27 袋（ア 亻　イ 弋　ウ 亠　エ 衣）〔エ〕

28 克（ア 十　イ 儿　ウ 一　エ 口）〔イ〕

29 穀（ア 士　イ 冖　ウ 禾　エ 殳）〔ウ〕

30 徴（ア 山　イ 王　ウ 彳　エ 攵）〔ウ〕

31 獲（ア 犭　イ 艹　ウ 隹　エ 又）〔ア〕

32 糧（ア 日　イ 米　ウ 里　エ 丨）〔イ〕

33 墾（ア 土　イ 豸　ウ 爫　エ 艮）〔ア〕

34 卸（ア 干　イ 缶　ウ 止　エ 卩）〔エ〕

35 穫（ア 禾　イ 艹　ウ 又　エ 隹）〔ア〕

36 騎（ア 大　イ 灬　ウ 馬　エ 口）〔ウ〕

部首 4

●次の漢字の**部首**を**ア〜エ**から選び、**記号**を〔　〕に記入せよ。

1 微（ア 攵　イ 山　ウ 彳　エ 几）〔ウ〕

2 就（ア 尢　イ 亠　ウ 口　エ 小）〔ア〕

3 撃（ア 殳　イ 車　ウ 手　エ 又）〔ウ〕

4 鼓（ア 士　イ 口　ウ 鼓　エ 支）〔ウ〕

5 募（ア 艹　イ 力　ウ 日　エ 大）〔イ〕

6 幽（ア 幺　イ 丨　ウ 凵　エ 山）〔ア〕

7 腕（ア 宀　イ 㔾　ウ 夕　エ 月）〔エ〕

8 業（ア 羊　イ 王　ウ 一　エ 木）〔エ〕

9 堅（ア 匚　イ 臣　ウ 土　エ 又）〔ウ〕

10 疑（ア 矢　イ 匕　ウ 人　エ 疋）〔エ〕

11 封（ア 土　イ 寸　ウ 十　エ 一）〔イ〕

12 陵（ア 土　イ 阝　ウ 八　エ 夂）〔イ〕

13 兼（ア 八　イ 刂　ウ 木　エ 二）〔ア〕

14 美（ア 王　イ 羊　ウ 大　エ 人）〔イ〕

15 戯（ア 虍　イ ト　ウ 弋　エ 戈）〔エ〕

16 執（ア 辛　イ ノ　ウ 干　エ 土）〔エ〕

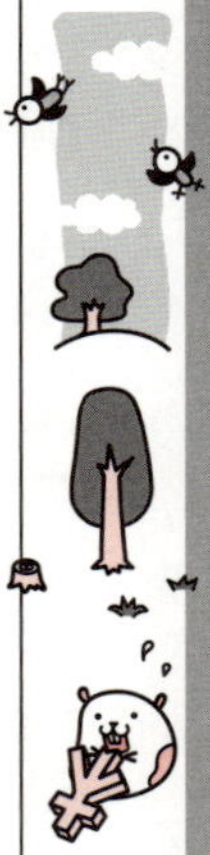

／36

17 葬（ア 歹　イ 匕　ウ 艹　エ 廾）〔ウ〕

18 畳（ア 田　イ 冖　ウ 目　エ 一）〔ア〕

19 菊（ア 米　イ 勹　ウ 木　エ 艹）〔エ〕

20 郊（ア 阝　イ 八　ウ 父　エ 亠）〔ア〕

21 憩（ア 自　イ 舌　ウ 心　エ 口）〔ウ〕

22 倣（ア 亻　イ 攵　ウ 方　エ 又）〔ア〕

23 岳（ア 一　イ 山　ウ ノ　エ 斤）〔イ〕

24 畔（ア 八　イ 田　ウ 十　エ 口）〔イ〕

25 軸（ア 十　イ 日　ウ 車　エ 田）〔ウ〕

26 桑（ア 又　イ 十　ウ 八　エ 木）〔エ〕

27 慈（ア 糸　イ 幺　ウ 心　エ 一）〔ウ〕

28 瞬（ア 目　イ 爫　ウ 冖　エ 舛）〔ア〕

29 尿（ア 水　イ 尸　ウ 亅　エ 一）〔イ〕

30 碑（ア 石　イ ノ　ウ 田　エ 十）〔ア〕

31 遵（ア 西　イ 酉　ウ 寸　エ 辶）〔エ〕

32 墳（ア 土　イ 十　ウ 目　エ 貝）〔ア〕

33 詠（ア 亠　イ 言　ウ 亅　エ 水）〔イ〕

34 掛（ア ト　イ 土　ウ 扌　エ 王）〔ウ〕

35 既（ア 日　イ 艮　ウ 尢　エ 旡）〔エ〕

36 匿（ア 艹　イ 匸　ウ ノ　エ 口）〔イ〕

●次の漢字の**部首**を**ア〜エ**から選び、**記号**を〔　〕に記入せよ。

1 卓（ア 一　イ 丨　ウ 曰　エ 十）〔エ〕

2 墜（ア 阝　イ 八　ウ 豕　エ 土）〔エ〕

3 井（ア 一　イ 二　ウ ノ　エ 十）〔イ〕

4 帝（ア 丶　イ 亠　ウ 冖　エ 巾）〔エ〕

5 齢（ア 歯　イ 止　ウ 米　エ 人）〔ア〕

6 襲（ア 立　イ 月　ウ 彡　エ 衣）〔エ〕

7 項（ア 工　イ 一　ウ 貝　エ 頁）〔エ〕

8 商（ア 八　イ 亠　ウ 冂　エ 口）〔エ〕

9 競（ア 亠　イ 立　ウ 口　エ 儿）〔イ〕

10 楽（ア ノ　イ 冫　ウ 白　エ 木）〔エ〕

11 宴（ア 宀　イ 日　ウ 一　エ 女）〔ア〕

12 昇（ア 日　イ ノ　ウ 一　エ 廾）〔ア〕

13 衡（ア 彳　イ 二　ウ 里　エ 行）〔エ〕

14 契（ア 刀　イ 一　ウ 大　エ 王）〔ウ〕

15 盆（ア 八　イ 皿　ウ 刀　エ 一）〔イ〕

16 旗（ア 方　イ 八　ウ 甘　エ 亠）〔ア〕

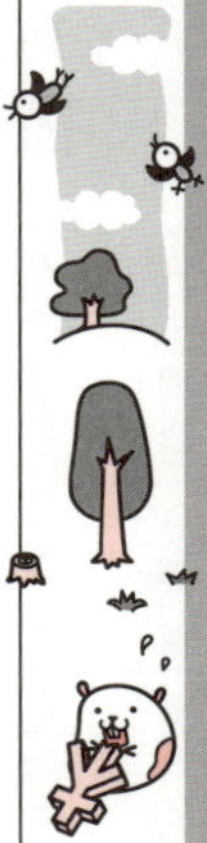

/36

17 帰（ア 丿　イ 二　ウ 巾　エ 冖）〔ウ〕

18 舗（ア 口　イ 人　ウ 土　エ 舌）〔エ〕

19 驚（ア 攵　イ 馬　ウ 艹　エ 勹）〔イ〕

20 勢（ア 丶　イ 土　ウ 力　エ 八）〔ウ〕

21 塗（ア 氵　イ 土　ウ 人　エ 示）〔イ〕

22 奮（ア 隹　イ 一　ウ 田　エ 大）〔エ〕

23 啓（ア 戸　イ 攵　ウ 口　エ 丿）〔ウ〕

24 孤（ア 子　イ 丿　ウ 厶　エ 八）〔ア〕

25 娯（ア 女　イ 口　ウ 一　エ 八）〔ア〕

26 獄（ア 犭　イ 言　ウ 大　エ 口）〔ア〕

27 犠（ア 丿　イ 羊　ウ 牛　エ 戈）〔ウ〕

28 匠（ア 一　イ 匚　ウ 丿　エ 斤）〔イ〕

29 擦（ア 宀　イ 扌　ウ 又　エ 示）〔イ〕

30 祉（ア 丶　イ 卜　ウ 礻　エ 止）〔ウ〕

31 瀬（ア 頁　イ 氵　ウ 木　エ 口）〔イ〕

32 隻（ア 丿　イ 又　ウ 亻　エ 隹）〔エ〕

33 逮（ア 隶　イ 辶　ウ 氺　エ 亅）〔イ〕

34 彫（ア 冂　イ 口　ウ 土　エ 彡）〔エ〕

35 陶（ア 阝　イ 勹　ウ 山　エ 缶）〔ア〕

36 漂（ア 覀　イ 示　ウ 氵　エ 小）〔ウ〕

対義語・類義語 1

/36

1 次の［　］内に入る適切な語を、後の□の中から選んで漢字に直して記入し、**対義語・類義語**を作れ。

対義語

1 極楽—地［獄］
2 攻撃—［防］御
3 連帯—［孤］立
4 粗雑—精［密］

類義語

5 弁解—釈［明］
6 復活—再［生］
7 空想—［架］空
8 検討—［審］議

か・こ・ごく・しん
せい・ぼう・みつ・めい

2 次の［　］内に入る適切な語を、後の□の中から選んで漢字に直して記入し、**対義語・類義語**を作れ。

対義語

1 近接—遠［隔］
2 実像—［虚］像
3 散財—［倹］約
4 採用—解［雇］

類義語

5 健闘—［善］戦
6 収支—出［納］
7 永眠—他［界］
8 険悪—不［穏］

おん・かい・かく・きょ
けん・こ・ぜん・とう

3 次の［　］内に入る適切な語を、後の□の中から選んで漢字に直して記入し、**対義語・類義語**を作れ。

対義語

1 解放―［拘］束
2 故郷―［異］郷
3 愛護―［虐］待
4 円満―不［和］
5 簡潔―［冗］漫

類義語

6 横着―［怠］慢
7 名誉―光［栄］
8 大切―貴［重］
9 豊富―［潤］沢
10 悲喜―［哀］歓

あい・い・えい・ぎゃく・こう
じゅん・じょう・たい・ちょう・わ

4 次の［　］内に入る適切な語を、後の□の中から選んで漢字に直して記入し、**対義語・類義語**を作れ。

対義語

1 率先―［追］随
2 興隆―［衰］退
3 未婚―［既］婚
4 鎮静―興［奮］
5 棄却―採［択］

類義語

6 策略―陰［謀］
7 熱中―［没］頭
8 感動―［詠］嘆
9 華美―［派］手
10 前途―［将］来

えい・き・しょう・すい・たく
つい・は・ふん・ぼう・ぼっ

対義語・類義語 2

/36

1 次の［　］内に入る適切な語を、後の□の中から選んで漢字に直して記入し、**対義語・類義語**を作れ。

対義語

1 被告―［原］告

2 事実―［虚］構

3 敏速―［緩］慢

4 侵害―［擁］護

類義語

5 適合―［該］当

6 勘弁―容［赦］

7 免職―解［雇］

8 次第―順［序］

がい・かん・きょ・げん
こ・しゃ・じょ・よう

2 次の［　］内に入る適切な語を、後の□の中から選んで漢字に直して記入し、**対義語・類義語**を作れ。

対義語

1 水平―鉛［直］

2 釈放―［拘］束

3 固辞―快［諾］

4 許可―［禁］止

類義語

5 服従―隷［属］

6 重要―［肝］心

7 専念―［没］頭

8 円熟―老［練］

かん・きん・こう・ぞく
だく・ちょく・ぼっ・れん

3 次の［　］内に入る適切な語を、後の□の中から選んで漢字に直して記入し、**対義語・類義語**を作れ。

対義語

1 簡略―詳［細］
2 延長―短［縮］
3 自由―束［縛］
4 歓喜―悲［哀］
5 創造―模［倣］

類義語

6 役人―官［吏］
7 奮戦―［敢］闘
8 傾向―風［潮］
9 重宝―［便］利
10 形見―［遺］品

あい・い・かん・さい・しゅく
ちょう・ばく・べん・ほう・り

4 次の［　］内に入る適切な語を、後の□の中から選んで漢字に直して記入し、**対義語・類義語**を作れ。

対義語

1 都心―［郊］外
2 優雅―［粗］野
3 過激―［穏］健
4 欠乏―［潤］沢
5 是認―［否］認

類義語

6 縁者―［親］類
7 制裁―処［罰］
8 未熟―幼［稚］
9 利口―［賢］明
10 妨害―邪［魔］

おん・けん・こう・じゅん・しん
そ・ち・ばつ・ひ・ま

対義語・類義語 3

/36

1 次の［　］内に入る適切な語を、後の□の中から選んで漢字に直して記入し、**対義語・類義語**を作れ。

対義語

1 促進―［抑］制
2 快楽―苦［痛］
3 閉鎖―開［放］
4 縮小―［拡］大

類義語

5 大切―［肝］要
6 失望―落［胆］
7 丹念―［克］明
8 計画―［企］図

かく・かん・き・こく
たん・つう・ほう・よく

2 次の［　］内に入る適切な語を、後の□の中から選んで漢字に直して記入し、**対義語・類義語**を作れ。

対義語

1 繁栄―［衰］微
2 例外―原［則］
3 惜敗―［辛］勝
4 善良―［邪］悪

類義語

5 決心―覚［悟］
6 名残―［余］情
7 風習―［慣］習
8 技量―手［腕］

かん・ご・じゃ・しん
すい・そく・よ・わん

3 次の［　］内に入る適切な語を、後の□の中から選んで漢字に直して記入し、**対義語・類義語**を作れ。

対義語

1 詳細―［概］略
2 異端―正［統］
3 繁殖―絶［滅］
4 質素―豪［華］
5 平野―山［岳］

類義語

6 案内―誘［導］
7 任務―［使］命
8 借金―負［債］
9 許可―承［認］
10 応援―加［勢］

か・がい・がく・さい・し・せい
とう・どう・にん・めつ

4 次の［　］内に入る適切な語を、後の□の中から選んで漢字に直して記入し、**対義語・類義語**を作れ。

対義語

1 弟子―師［匠］
2 進展―停［滞］
3 温暖―寒［冷］
4 答申―［諮］問
5 脱退―加［盟］

類義語

6 感心―敬［服］
7 達成―完［遂］
8 所持―［携］帯
9 断行―［敢］行
10 不足―欠［乏］

かん・けい・し・しょう・すい
たい・ふく・ぼう・めい・れい

対義語・類義語 4

1 次の［　］内に入る適切な語を、後の□の中から選んで漢字に直して記入し、**対義語・類義語**を作れ。

対義語

1 需要—供［給］
2 破損—修［繕］
3 介入—傍［観］
4 隆盛—［衰］退

類義語

5 敗走—退［却］
6 思慮—分［別］
7 架空—［虚］構
8 期待—［嘱］望

かん・きゃく・きゅう・きょ
しょく・すい・ぜん・べつ

2 次の［　］内に入る適切な語を、後の□の中から選んで漢字に直して記入し、**対義語・類義語**を作れ。

対義語

1 密集—点［在］
2 栄達—［零］落
3 賢明—暗［愚］
4 発生—消［滅］

類義語

5 両者—［双］方
6 抜群—［卓］越
7 専有—［独］占
8 疑惑—不［審］

ぐ・ざい・しん・そう
たく・どく・めつ・れい

／36

3 次の［　］内に入る適切な語を、後の□の中から選んで漢字に直して記入し、**対義語・類義語**を作れ。

対義語

1 反抗―服［従］
2 肉体―霊［魂］
3 楽勝―［辛］勝
4 必然―［偶］然
5 強制―［任］意

類義語

6 介抱―［看］護
7 有数―屈［指］
8 平定―［鎮］圧
9 重体―危［篤］
10 大儀―［面］倒

かん・ぐう・こん・し・じゅう
しん・ちん・とく・にん・めん

4 次の［　］内に入る適切な語を、後の□の中から選んで漢字に直して記入し、**対義語・類義語**を作れ。

対義語

1 粗悪―［精］巧
2 協力―［妨］害
3 助長―［阻］害
4 勤勉―［怠］慢
5 追加―削［減］

類義語

6 漂泊―放［浪］
7 展示―［陳］列
8 退治―征［伐］
9 変更―転［換］
10 安値―［廉］価

かん・げん・せい・そ・たい
ちん・ばつ・ぼう・れん・ろう

対義語・類義語 5

1 次の〔　〕内に入る適切な語を、後の□の中から選んで漢字に直して記入し、**対義語・類義語**を作れ。

対義語

1 違反―〔順遵〕守
2 添加―〔削〕除
3 閉鎖―開〔設〕
4 実在―〔架〕空

類義語

5 距離―間〔隔〕
6 承知―受〔諾〕
7 傍観―座〔視〕
8 処理―〔措〕置

か・かく・さく・し
じゅん・せつ・そ・だく

2 次の〔　〕内に入る適切な語を、後の□の中から選んで漢字に直して記入し、**対義語・類義語**を作れ。

対義語

1 釈放―〔逮〕捕
2 具体―〔抽〕象
3 独創―模〔倣〕
4 沈下―〔隆〕起

類義語

5 薄情―〔冷〕淡
6 演習―〔訓〕練
7 勇猛―果〔敢〕
8 追憶―回〔顧〕

かん・くん・こ・たい
ちゅう・ほう・りゅう・れい

3 次の［　］内に入る適切な語を、後の□の中から選んで漢字に直して記入し、**対義語・類義語**を作れ。

対義語

1 厳寒―［炎］暑
2 人造―天［然］
3 課税―［免］税
4 没落―［繁］栄
5 未満―［超］過

類義語

6 歳月―［光］陰
7 考慮―思［案］
8 朗報―［吉］報
9 不意―突［如］
10 鼓舞―激［励］

あん・えん・きっ・こう・じょ
ちょう・ねん・はん・めん・れい

4 次の［　］内に入る適切な語を、後の□の中から選んで漢字に直して記入し、**対義語・類義語**を作れ。

対義語

1 解放―束［縛］
2 起床―［就］寝
3 粗略―［丁］重
4 倹約―［浪］費
5 詳細―［概］要

類義語

6 意図―魂［胆］
7 辛抱―［我］慢
8 制圧―［鎮］定
9 了解―［納］得
10 監禁―［幽］閉

が・がい・しゅう・たん・ちん
てい・なっ・ばく・ゆう・ろう

四字熟語 1

●次の——線のカタカナを漢字に直して（　）の中に記入し、文中の四字熟語を完成させよ。

1 チームは意気ショウテンの勢いで勝ち進んだ。（衝天）

2 千載イチグウのチャンスを逃してしまった。（一遇）

3 いつもガデン引水の理屈を振り回す。（我田）

4 キソウ天外な内容の小説が評判を呼んでいる。（奇想）

5 故郷はサンシ水明の地だ。（山紫）

6 セイレン潔白な人物を国会に送りたいものだ。（清廉）

7 危機に直面したときこそ、脚下ショウコすべきだ。（照顧）

8 古来より不老チョウジュは人間の願望である。（長寿）

9 つらいことが何度も続いたのでイチヨウ来復を願う。（一陽）

10 あんな怠け者なら解雇されても因果オウホウだ。（応報）

11 ロンシ明快な話をするよう心掛ける。（論旨）

/25

12 センザイ意識を呼び起こす。 （潜在）

13 古典を換骨ダッタイして児童向けの物語に書き換える。 （奪胎）

14 彼女は周囲から才色ケンビといわれている。 （兼備）

15 学界の旧態イゼンとした対応にあきれる。 （依然）

16 言行イッチさせるよう日々努力している。 （一致）

17 この辺りでは、そんな事件は日常サハンだ。 （茶飯）

18 カチョウ風月をあしらった着物が目に留まる。 （花鳥）

19 毎年正月に神社で無病ソクサイを祈る。 （息災）

20 キョキョ実実のやりとりで営業成績を伸ばした。 （虚虚 虚々）

21 必要な部分を取捨センタクすることが大切だ。 （選択）

22 部員は面従フクハイなのか、指示が行き渡らない。 （腹背）

23 タンダイ心小なリーダーが求められる。 （胆大）

24 ゼッタイ絶命のピンチを切り抜ける。 （絶体）

25 彼こそ国士ムソウの将軍だ。 （無双）

四字熟語 2

●次の——線のカタカナを漢字に直して（　）の中に記入し、文中の四字熟語を完成させよ。

1 どんな計画も掛け声ばかりでは雲散ムショウする。（霧消）

2 主張が二律ハイハンし判断が難しい。（背反）

3 彼女のハクラン強記ぶりには脱帽した。（博覧）

4 コジョウ落日の悲哀が漂う。（孤城）

5 中国四大美人は四人ともカジン薄命といわれている。（佳人）

6 今月はカンコン葬祭で出費が続いている。（冠婚）

7 不可コウリョクで避けられない事故だった。（抗力）

8 彼は今日の試合で縦横ムジンの活躍をした。（無尽）

9 志望している大学の合格を目指して刻苦ベンレイする。（勉励）

10 自然界には適者セイゾンの法則がある。（生存）

11 文壇をにぎわせる新進キエイの作家だ。（気鋭）

/25

12 利権を求めて、多くの者が百鬼ヤコウする。（夜行）

13 ヘイオン無事な日々を送る。（平穏）

14 新事業はゼント洋洋、大いに期待できる。（前途）

15 器用ビンボウで、どれも大成しない。（貧乏）

16 寺院の故事ライレキに精通している。（来歴）

17 社会の反応は千差バンベツで対処に苦慮する。（万別）

18 社運をかけた企画の成功に向けて一意センシンする。（専心）

19 好機トウライ、十分に力を発揮してほしい。（到来）

20 この館では複雑カイキな現象がよく起こる。（怪奇）

21 政治家はセンユウ後楽をむねとすべきだ。（先憂）

22 ドウコウ異曲の作品が並ぶ。（同工）

23 美辞レイクを連ねても心には届かない。（麗句）

24 この世はウイ転変、どうなるかわからない。（有為）

25 スイセイ夢死の人生ではつまらない。（酔生）

四字熟語 3

●次の——線の**カタカナ**を**漢字**に直して（　）の中に記入し、文中の**四字熟語**を完成させよ。

1 新企画について社長に直言するとは**ダイタン不敵**だ。（大胆）

2 今はまだ**五里ムチュウ**だ。（霧中）

3 集団の中で**異端ジャセツ**を唱えた者が非難された。（邪説）

4 全力を尽くし、**メイキョウ止水**の心境だ。（明鏡）

5 今は自分のなすべきことに**全身ゼンレイ**を傾けるのみだ。（全霊）

6 **イチボウ千里**、丘から町全体を見下ろした。（一望）

7 兄は「時は金なり」の言葉を**金科ギョクジョウ**としている。（玉条）

8 友との再会を**一日センシュウ**の思いで待つ。（千秋）

9 わがままな彼は**コリツ無援**になってしまった。（孤立）

10 有名な学者の**高論タクセツ**に耳を傾けた。（卓説）

11 新政党のメンバーは**ドウショウ異夢**でまとまらない。（同床）

／25

12 ヒヨク連理とは仲むつまじいことのたとえだ。（比翼）

13 神出キボツで、どこに姿を現すかわからない。（鬼没）

14 ケイコウ牛後の心意気で独立して会社をおこす。（鶏口）

15 相手の考えをタントウ直入に尋ねる。（単刀）

16 ムイ徒食の生活はしたくない。（無為）

17 揺れるつり橋を、冷汗サントの思いで渡った。（三斗）

18 新チームは順風マンパン、連勝を重ねていた。（満帆）

19 売り上げが伸び悩んでいた商品のメンモク一新を図る。（面目）

20 当代ズイイチの作曲家が自ら指揮をした。（随一）

21 大会に出る選手を鼓舞ゲキレイする。（激励）

22 開店以来、センキャク万来で喜んでいる。（千客）

23 言語ドウダンな振る舞いだ。（道断）

24 天衣ムホウな性格の彼に魅力を感じる。（無縫）

25 心頭メッキャクすれば火もまたすずし。（滅却）

四字熟語 4

●次の——線の**カタカナ**を**漢字**に直して（　）の中に記入し、文中の**四字熟語**を完成させよ。

1 全社員が新事業に向け**キエン万丈**だ。（気炎）

2 **ヘンゲン自在**に動く。（変幻）

3 親友の**進取カカン**な行動に感心する。（果敢）

4 **ワコン漢才**の考え方は現代にも通じる。（和魂）

5 政党が**リゴウ集散**を繰り返している。（離合）

6 **イッキ当千**の彼がチームにいるのは心強い。（一騎）

7 部長には**直情ケイコウ**のきらいがある。（径行）

8 あなたの計画は**空中ロウカク**に過ぎない。（楼閣）

9 我が軍は**キキュウ存亡**のときを迎えている。（危急）

10 失望のあまり**自暴ジキ**の生活を送っていた。（自棄）

11 **タキ亡羊**でなかなか進路が決まらない。（多岐）

12 いらだっていた老人が孫の仕草に**破顔イッショウ**した。（一笑）

13 **理非キョクチョク**を正してくれる人が少なくなった。（曲直）

14 民衆は皇帝に**生殺ヨダツ**の権を握られていた。（与奪）

15 長年抱いてきた夢がかなって、**カンガイ無量**だ。（感慨）

16 **喜怒アイラク**が顔に出る。（哀楽）

17 細胞内では**シンチン代謝**が絶えず行われている。（新陳）

18 被告は**終始イッカン**して身の潔白を主張した。（一貫）

19 苦労した分、**失望ラクタン**は大きかった。（落胆）

20 無罪判決が出て**セイテン白日**の身となった。（青天）

21 貴族は夜通し**シュチ肉林**の宴を繰り広げた。（酒池）

22 することが**ケイハク短小**で信用がない。（軽薄）

23 **リンキ応変**の政治体制が求められている。（臨機）

24 **キョウテン動地**の大事件だ。（驚天）

25 彼の話は**シンショウ棒大**でつまらない。（針小）

四字熟語 5

●次の――線のカタカナを漢字に直して（　）の中に記入し、文中の四字熟語を完成させよ。

1 相手のエテ勝手にはさせない。（得手）

2 ジュクリョ断行、よく考えて思い切ってやろう。（熟慮）

3 ボールをカンキュウ自在に投げ分ける投手だ。（緩急）

4 猟奇事件が起こり、辺りは物情ソウゼンとなった。（騒然）

5 世間に公認されていることを、天下ゴメンという。（御免）

6 信賞ヒツバツの原則で人事にあたる。（必罰）

7 リーダーには率先スイハンが求められる。（垂範）

8 両親は粒粒シンクを重ねて学費を工面してくれた。（辛苦）

9 プロの選手に勝負をいどむとはショウシ千万だ。（笑止）

10 彼の優れた統率力は古今ムソウだろう。（無双）

11 重大議案の提出に際して野党はダイドウ団結した。（大同）

/25

12 優勝したチームが意気ヨウヨウと競技場内を回った。（揚揚 揚々）

13 ゼヒ善悪を明らかにする。（是非）

14 その作家は一栄イチジョクを繰り返す人生を送った。（一辱）

15 会議での、当意ソクミョウな受け答えに感心する。（即妙）

16 定年後はひたすらナンセン北馬の生活です。（南船）

17 いつの間にか深山ユウコクに分け入っていた。（幽谷）

18 小柄な選手が巨漢を相手に勇猛カカンに戦った。（果敢）

19 秋の夜半チンシ黙考して、自分の人生を省みる。（沈思）

20 栄枯セイスイは世の習いだ。（盛衰）

21 あのような行いは衆人カンシの的だ。（環視）

22 コウゲン令色の人を見分ける目を養う。（巧言）

23 戦いによって頭を失った山賊は四分ゴレツした。（五裂）

24 聴き漏らすまいと片言セキゴに耳を傾ける。（隻語）

25 多数の反対派の中でコグン奮闘する。（孤軍）

誤字訂正 1

次の各文にまちがって使われている**同じ読みの漢字**が**一字**ある。**上の（　）に誤字を**、**下の（　）に正しい漢字**を記せ。

		誤	正
1	新しく開発した製品に当録商標をつける。	（当）	（登）
2	建設費の値上がりが引き鐘になり倒産した。	（鐘）	（金）
3	自ら募穴を掘る羽目におちいった。	（募）	（墓）
4	目の治療のため角幕移植手術をする。	（幕）	（膜）
5	試行策誤を重ねた末、実験に成功した。	（策）	（錯）
6	会長に継ぐ実力者として認められている。	（継）	（次）
7	地震のため隆岐した地層が露出している。	（岐）	（起）
8	地域の歴史資料を図書館で悦覧する。	（悦）	（閲）
9	繁花街の一角に高層建築が林立している。	（花）	（華）

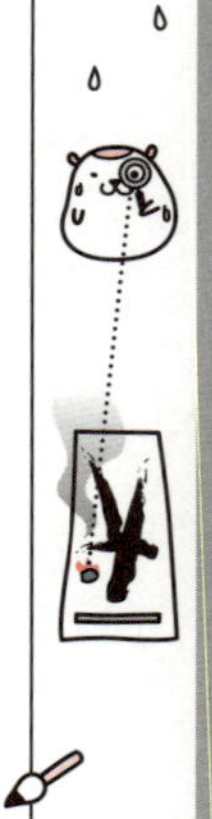

10 民主的な社会を築くため旧来の悪い勘習は改めよう。 (勘)(慣)

11 難解な事件の契緯を詳細に述べる。 (契)(経)

12 この古寺から人篤のある高僧が輩出された。 (篤)(徳)

13 将来は服飾関係の仕事に着くつもりだ。 (着)(就)

14 庭先につないである蛮犬が突如ほえ立てた。 (蛮)(番)

15 彼女は明るく快活で同級生の請けがよい。 (請)(受)

16 青年前期は声替わりの時期である。 (替)(変)

17 目的を果たすまで望郷の念を立ち切る。 (立)(断)

18 多年の苦労の末、文壇で頭角を著す。 (著)(現)

19 長時間脂を売っていて主人に注意された。 (脂)(油)

20 借金の返済を求めて裁権者が押し掛ける。 (裁)(債)

21 初夏の湖班を遊覧する新造船がお目見えした。 (班)(畔)

誤字訂正 2

● 次の各文にまちがって使われている**同じ読みの漢字**が**一字**ある。**上の（　）に誤字を、下の（　）に正しい漢字**を記せ。

	文	誤	正
1	趣味で食べ歩く機会が多く口が越えてきた。	越	肥
2	原油価格の急激な上照は物価高を誘発する。	照	昇
3	一生の業績を検討してみると功材は相半ばする。	材	罪
4	練習を詰んで早く先輩の域に達しよう。	詰	積
5	外国との交益に船は重要な役割をになっていた。	益	易
6	各国首脳の来日に際して完全無欠の警備大勢を敷く。	大	態
7	甘い感賞に浸っている暇もないようだ。	賞	傷
8	通信教育で介護に関する専門知識を治めた。	治	修
9	乱脈な経理の不明浪さが指摘された。	浪	朗

／21

10 幹線道路の焦害物を排除することが急務である。（焦）（障）

11 長年続いた労使間の粉争が収まる。（粉）（紛）

12 期限が近づいたので面許証の再交付を願い出た。（面）（免）

13 壁の塗装作業は慈味だが根気と丹念さが必要だ。（慈）（地）

14 来月上旬に妨災訓練を予定している。（妨）（防）

15 無理に知識を抽入して覚えさせても効果は上がらない。（抽）（注）

16 アレルギーの検査で右腕から少量彩血された。（彩）（採）

17 多数の名作を現して一時代を画した文豪であった。（現）（著）

18 人口増加や人の活動猟域の拡大で他生物の生息地が減る。（猟）（領）

19 島の多い瀬戸内海には橋が駆かっている。（駆）（架）

20 官庁の最終的査撮がぜひとも必要である。（撮）（察）

21 危ないので駐車場内では除行運転をする。（除）（徐）

誤字訂正 3

●次の各文にまちがって使われている**同じ読みの漢字**が**一字**ある。**上の（　）に誤字を、下の（　）に正しい漢字**を記せ。

		誤	正
1	説明は貫潔で要領を得たものだった。	（貫）	（簡）
2	夏期休暇中は臨時列車が造発される。	（造）	（増）
3	衆議院本会議での原案通りに国会の会期を伸ばした。	（伸）	（延）
4	自分の軽率な行動を深く反請する。	（請）	（省）
5	税金の申告のために税務処に行く。	（処）	（署）
6	残留孤児の身元が調査で伴明した。	（伴）	（判）
7	線路に添ってのどかな田園地帯が広がる。	（添）	（沿）
8	望遠鏡の陪率を調整して星座の観測をする。	（陪）	（倍）
9	突然の質問に逃惑し返答に詰まった。	（逃）	（当）

/21

郵便はがき

お手数ですが
切手をおはり
ください。

605-0074

（受取人）
京都市東山区祇園町南側
551番地

（公財）日本漢字能力検定協会
書籍アンケート係 行

K2108

フリガナ
お名前

〒　　　　TEL
ご住所

◆Webからでもお答えいただけます◆
下記URL、または右のバーコードからアクセスしてください。
https://www.kanken.or.jp/kanken/textbook/handy.html

ご記入頂きました個人情報は、アンケートの集計及び粗品の送付、今後の（公財）日本漢字能力検定協会の事業に関するご案内以外の目的には使用しません。また、第三者への開示、弊協会外へ漏洩することもございません。

16歳未満の方は、保護者の同意の上ご記入ください。

個人情報のご記入は任意でありますが、必須事項をご記入頂けない場合は粗品の送付が出来ない場合がございますので、ご注意ください。

ご記入頂きました個人情報に関する開示、訂正等お問い合わせは、下記の窓口へお願いします。
（公財）日本漢字能力検定協会　個人情報保護責任者　事務局長
個人情報相談窓口　https://www.kanken.or.jp/privacy/

20000098(08)

今後の出版事業に役立てたいと思いますので、下記のアンケートにご協力ください。抽選で粗品をお送りします。

お買い上げいただいた本（級に○印をつけてください）

『漢検　ハンディ漢字学習』 2級　準2級　3級　4級　5級　6級

●年齢＿＿＿＿歳　　●性別　男・女

●この教材で学習したあと、漢字検定を受検しましたか？
その結果を教えてください。

a. 受検した（合格）　b. 受検した（不合格）　c. 受検した（結果はまだわからない）　d. 受検していない・受検する予定がない　e. これから受検する・受検するつもりがある

●この教材で学習したことで、語彙力《ごいりょく》がついたと思いますか？

a. 思う　b. 思わない　c. どちらともいえない

●この教材で学習したことで、漢字・日本語への興味はわきましたか？

a. わいた　b. わかなかった　c. どちらともいえない

●この教材で学習したことで、学習習慣は身につきましたか？

a. ついた　b. つかなかった　c. どちらともいえない

●この教材で学習したことで、漢字への自信はつきましたか？

a. ついた　b. つかなかった　c. どちらともいえない

●この教材に満足しましたか？

a. 非常に満足した　b. ある程度満足した　c. どちらともいえない
d. あまり満足しなかった　e. 全く満足しなかった

●この教材で満足したところを、具体的に教えてください。

（　　　　　　　　　　）

●この教材で不満だったところを、具体的に教えてください。

（　　　　　　　　　　）

●この教材と一緒に使った教材はありますか？
書籍名を教えてください。

（　　　　　　　　　　）

ご協力ありがとうございました。

10 見事な紅葉を背景に記念写真を採った。 （採）（撮）

11 過去の巧績が高く評価され財団から賞を受けた。 （巧）（功）

12 冒頭に新年度の経済征策が発表された。 （征）（政）

13 管理費などの負端を勘案して集合住宅の利点を考える。 （端）（担）

14 生来の無鉄砲で生傷の耐える事がない。 （耐）（絶）

15 期日になったので芝居の観覧募集を閉め切る。 （閉）（締）

16 木を丹念に掘って仏像を作るのが祖父の趣味だ。 （掘）（彫）

17 大規模な復坑作業がようやく開始された。 （坑）（興）

18 目撃情報が入るたびに一喜一優している。 （優）（憂）

19 地球上から電波を送り人工衛星の起道修正を行った。 （起）（軌）

20 防犯性能の高い嬢前を複数箇所に取り付ける。 （嬢）（錠）

21 本州沖の太平洋に梅雨前線が長く停帯する。 （帯）（滞）

誤字訂正 4

次の各文にまちがって使われている**同じ読みの漢字**が**一字**ある。**上の（　）に誤字を、下の（　）に正しい漢字**を記せ。

		誤	正
1	若い登山家が難関といわれる高山を成服した。	（成）	（征）
2	航空機の操縦は高度の熟練を用する。	（用）	（要）
3	災害発生の時は敏促に出動し救援活動に従事する。	（促）	（速）
4	援助物資を満載した貨物船が程泊し出港を待っている。	（程）	（停）
5	大担な抽象画がひときわ異彩を放っていた。	（担）	（胆）
6	定年を目前にし往時を悔顧して過去の経歴を記録する。	（悔）	（回）
7	この商品は外箱に食品添化物の表示がある。	（化）	（加）
8	顧客の新規開拓は予定通り殊尾よく成功した。	（殊）	（首）
9	新聞社と教育委員会との共祭で勉強会が行われた。	（祭）	（催）

/21

10 膨大な負済をかかえて事実上倒産した。
（済）〔債〕

11 駅伝大会の保欠選手として登録された。
（保）〔補〕

12 南極の気象観促隊は越年して仕事を続行した。
（促）〔測〕

13 暖房の入った応接室から朗下に出ると寒い。
（朗）〔廊〕

14 計画の具対化に全力で取り組んでいる。
（対）〔体〕

15 芋の収獲時期を迎え多忙を極める。
（獲）〔穫〕

16 市中には類侍品が多数出回って消費者は困惑している。
（侍）〔似〕

17 共同謀欺の疑いで指名手配されていた容疑者が逮捕された。
（欺）〔議〕

18 彼の見事な腕前には常に啓服している。
（啓）〔敬〕

19 物価の変動と賃金の上昇との関係を双対的に考慮する。
（双）〔相〕

20 繁忙期の年末は店の運営上、人手を殖やしている。
（殖）〔増〕

21 客の注文した本を出版社に紹会したところ絶版だった。
（紹）〔照〕

誤字訂正 5

次の各文にまちがって使われている**同じ読みの漢字**が**一字**ある。**上の（　）に誤字を、下の（　）に正しい漢字**を記せ。

	文	誤	正
1	誤解を晴らすため当初からの経緯を腹憎なく話す。	憎	蔵
2	若いころは有脳な哲学者として尊敬されていた。	脳	能
3	登山の前には面密に計画を立てる。	面	綿
4	山超から朝日が昇るのを静かに待つ。	超	頂
5	生徒の興味関心を換起しながら授業を進める。	換	喚
6	自治体は広報を配布して住民との交留を図っている。	留	流
7	喫茶室でゆっくり紅茶を飲み疲労した精神を安める。	安	休
8	運動会の役割分単を準備委員会で決定した。	単	担
9	彼は建国の柱石として深く思募されている。	募	慕

／21

10 用意した原稿に欠絡している部分が見つかった。（絡）〔落〕

11 新しい吹飯器は家族に好評で重宝している。（吹）〔炊〕

12 事故現場で人々を救助するため全力を揚げている。（揚）〔挙〕

13 我が国の海域には数多くの魚類が生束している。（束）〔息〕

14 労働の巧率化は大幅に進んでいる。（巧）〔効〕

15 冬山は相難の危険があるので十分に装備をととのえる。（相）〔遭〕

16 現時点では顧用状況への対策の強化が急務である。（顧）〔雇〕

17 低地ではなかなか見られない特趣な植物だ。（趣）〔殊〕

18 近急の会議を開いて事態に対処した。（近）〔緊〕

19 誠意を尽くして治愛の心で人と接する。（治）〔慈〕

20 親しげに団笑する光景が見られた。（団）〔談〕

21 事故に備えて損害保険の啓約を結んだ。（啓）〔契〕

誤字訂正 6

●次の各文にまちがって使われている**同じ読みの漢字**が**一字**ある。**上の（　）に誤字**を、**下の（　）に正しい漢字**を記せ。

	文	誤	正
1	母は淡々と自分の負い立ちを語った。	負	生
2	旅費の慨算を参加希望者に至急連絡する。	慨	概
3	事業を革張して観光事業に進出してきた。	革	拡
4	同窓会を企隔してくれた幹事に感謝する。	隔	画
5	新商品の営業に更適な人物を採用した。	更	好
6	雑誌に随筆が載るならば徳名を希望したい。	徳	匿
7	権力者を俳斥しようとする動きがある。	俳	排
8	外国人に型言の英語で話しかけた。	型	片
9	正当性を首張して自己の説を曲げなかった。	首	主

/21

10 高齢化社会では福士施設の増設が切実な問題だ。
（士）（祉）

11 大臣が央州各国の視察を終えて帰国した。
（央）（欧）

12 あらゆる手段を尽くしたが成功せず途労に終わる。
（途）（徒）

13 極中での体験をまとめた手記を読む。
（極）（獄）

14 代理人が住民票の交付を申制する場合は委任状が要る。
（制）（請）

15 柔道部員は練習が済んだ後、丹念に道場の掃事をした。
（事）（除）

16 落ち度を追及されて立つ背がなくなった。
（背）（瀬）

17 経営戦略の基道を大幅に修正することにした。
（基）（軌）

18 住民の防災意識の高揚と対応力の向上を諮る。
（諮）（図）

19 野菜や魚の入貨は天候に左右されやすい。
（貨）（荷）

20 戦時中、空襲を避けて援故を頼り田舎に引っ越した。
（援）（縁）

21 製薬会社の間では類のない激しい響合が見られた。
（響）（競）

漢字と送りがな 1

●次の——線のカタカナを漢字と送りがな（ひらがな）に直して（　）の中に記せ。

〈例〉問題にコタエル。（答える）

1 物事の本質をキワメルことが大切だ。（究める）

2 子どもが重ねていた積み木が突然クズレた。（崩れ）

3 放置自転車が歩道の幅をセバメていて迷惑だ。（狭め）

4 後からクヤンでも遅い。（悔やん）

5 今後の生き方についてナヤンでいる。（悩ん）

6 業界にとって大変オシイ人をなくした。（惜しい）

7 ぬれた服をカワカス場所を探している。（乾かす）

8 同行者にハゲマサれなんとか頂上に達した。（励まさ）

9 鈍器で頭をナグラれたような衝撃を受けた。（殴ら）

10 外がサワガシクて勉強に集中できない。（騒がしく）

11 いつもホガラカニあいさつをかわす。（朗らかに）

／25

12 花には人をナグサメル不思議な力があるようだ。（慰める）

13 周囲から、いつもと様子が違うとアヤシマれた。（怪しま）

14 どの作品にもおもしろい工夫がコラシてある。（凝らし）

15 娘の花嫁姿を見ると自然に目がウルンできた。（潤ん）

16 壁に風景画をカケル。（掛ける）

17 牧場で初めて牛の乳をシボラせてもらった。（搾ら）

18 心の中にヒソム情熱が絵に表れている。（潜む）

19 具体的な事実をフマエた発言をする。（踏まえ）

20 人事をツクシて天命を待つ。（尽くし）

21 試験の成績が最下位とは本当にナゲカワシイ。（嘆かわしい）

22 入賞の報に感キワマッて泣き出した。（極まっ）

23 暖かい日が続き、桜のつぼみがフクランできた。（膨らん）

24 芝居がハネルのは午後九時半である。（跳ねる）

25 やっと面目をホドコスことができた。（施す）

送りがな

漢字と送りがな 2

●次の――線の**カタカナ**を**漢字**と**送りがな**（**ひらがな**）に直して（　）の中に記せ。

〈例〉問題に**コタエル**。（答える）

1 主役の座を**ウバワ**れて悔しい思いをする。（奪わ）

2 金属の**スレル**音がする。（擦れる）

3 議事の進行を**サマタゲル**ような行いは控える。（妨げる）

4 何事も規則に**モトヅイ**て処理を行う。（基づい）

5 少女は**ハズカシ**そうにほほ笑んでいた。（恥ずかし）

6 持参した食糧が次第に**トボシク**なってきた。（乏しく）

7 全世界の子どもの**スコヤカナ**成長を祈る。（健やかな）

8 転勤で外国へ**オモムク**ことになった。（赴く）

9 **シメッ**た空気が部屋にこもっていて蒸し暑い。（湿っ）

10 料理の仕上げに酒を数滴**タラス**とよいらしい。（垂らす）

11 型は古いが、性能は全く**オトラ**ない。（劣ら）

/25

12 幅広く知識をタクワエル。（蓄える）

13 気持ちをユルメルことなく努力してほしい。（緩める）

14 比較的軽装で高い山に登ったので身がコゴエル。（凍える）

15 波にもまれていつまでも海の上をタダヨイ続けた。（漂い）

16 道路に飛び出してアブナイ目にあった。（危ない）

17 国旗を高くカカゲて競技場を一周した。（掲げ）

18 父はこれまで苦労の多い仕事に長年タズサワッてきた。（携わっ）

19 表情が突然ケワシクなった。（険しく）

20 だれに対してもヤサシイ態度で接する人だ。（優しい）

21 入り口で入場券が見つからず、アワテた。（慌て）

22 新規事業への進出をクワダテルことにした。（企てる）

23 外出前にボタンが取れたので急いでツクロウ。（繕う）

24 歳月をヘダテルことはや五年になる。（隔てる）

25 相手の意見に素直な気持ちで耳をカタムケル。（傾ける）

漢字と送りがな 3

●次の――線のカタカナを漢字と送りがな（ひらがな）に直して（　）の中に記せ。

〈例〉問題にコタエル。（答える）

1 春になりオダヤカナ日和が続いている。（穏やかな）

2 娘をムカエに公園のそばの幼稚園へ向かう。（迎え）

3 事態のスミヤカナ対応が求められる。（速やかな）

4 人手不足で事務がいつもよりもトドコオリがちだ。（滞り）

5 最後まで初心をツラヌク。（貫く）

6 直ちに特使を外国にツカワスべきだ。（遣わす）

7 一刻も早く決定するように父をウナガス。（促す）

8 彼女は子どもたちから実母のようにシタワれている。（慕わ）

9 報告書にクワシク書いてから提出する。（詳しく）

10 道に迷ったら途中で引き返すのがカシコイ選択だ。（賢い）

11 木立をスカシて朝日を浴びた山頂を望む。（透かし）

／25

12 気前よくチップをハズム。（弾む）

13 他人に寄付をシイルことはよくない。（強いる）

14 捨て犬をアワレンで家に連れて帰った。（哀れん）

15 修行のかいあってタクミニ人形をあやつることができた。（巧みに）

16 一度は身をコガスような恋をしてみたい。（焦がす）

17 有志をツノッて校内球技大会に参加する。（募っ）

18 この毛皮はとてもナメラカナ手触りだ。（滑らかな）

19 行く末がタノモシイ好青年に成長した。（頼もしい）

20 人口のイチジルシイ増加が社会問題となる。（著しい）

21 彼の裏切りがウラメシイ。（恨めしい）

22 スクナクとも一週間はかかる仕事だ。（少なく）

23 一目見てマギレもない事実と確信した。（紛れ）

24 電話をかけて、今から遊びに行こうとサソイ出す。（誘い）

25 暑さをサケルために山の民宿で過ごす。（避ける）

漢字と送りがな 4

25

●次の——線のカタカナを漢字と送りがな（ひらがな）に直して（　）の中に記せ。

〈例〉問題にコタエル。（答える）

1 妻をトモナッて出席する。（伴っ）

2 喫煙は、周りの人たちにも害をオヨボス。（及ぼす）

3 体力のオトロエを感じて競技の第一線を退く。（衰え）

4 背後にヒカエル山は雲間に隠れている。（控える）

5 深い雪にトザサれて白一色の世界になる。（閉ざさ）

6 手に入りにくいとなると余計にホシクなる。（欲しく）

7 思いがけないワザワイに巻き込まれた。（災い）

8 テレビの音量をシボラないと近所迷惑だ。（絞ら）

9 準備万端、ヌカリなく手はずを整える。（抜かり）

10 手にサゲルより背負ったほうがよい。（提げる）

11 ヤワラカクて薄いが意外と丈夫な布地だ。（柔らかく）

12 久しぶりに**イコイ**のひとときを得た。（憩い）

13 **オロカナ**失敗をしても次に生かせばよい。（愚かな）

14 **トツグ**姉を祝福する。（嫁ぐ）

15 遠くへ引っ越す友だちの送別会を**モヨオス**。（催す）

16 満員の観客がロックコンサートの会場を**ウメル**。（埋める）

17 営業成績の悪化を**ウレエ**て対策を練る。（憂え）

18 **オゴソカナ**大聖堂で式典が行われた。（厳かな）

19 たまっていた古新聞を**シバッ**て倉庫に入れた。（縛っ）

20 問屋から商品を**オロシ**ている。（卸し）

21 スケート選手は、リンクの上で優雅に**スベッ**ていた。（滑っ）

22 信頼していた友だちに**アザムカ**れた。（欺か）

23 今年は夏の**オトズレル**のが早いと感じる。（訪れる）

24 こつこつと財産を**フヤシ**て今ではビルの持ち主だ。（殖やし）

25 むやみに他人を**オドカシ**てはいけない。（脅かし）

漢字の書き取り 1

／25

次の——線のカタカナを漢字に直して（　）の中に記せ。

1 昔から随分ゴウジョウな性格で困った。（強情）

2 事態は想像以上にキンパクしていた。（緊迫）

3 定められた法令はジュンシュすべきだ。（遵守 順守）

4 セキヒの除幕式に出席する。（石碑）

5 毎食後にジョウザイを服用している。（錠剤）

6 仲間とシンクの日々を耐え抜いてきた。（辛苦）

7 ガイトウ者は申し出るようにとの指示があった。（該当）

8 「バクシュウ」は、初夏の季語である。（麦秋）

9 十年ぶりに漢字辞典がカイテイされた。（改訂）

10 競馬のキシュを志し、単身上京する。（騎手）

11 午前レイジに向けてカウントダウンを行う。（零時）

12 タキに渡る分野の知識を身につける。（多岐）

13 不法行為をイントクし、辞任を余儀なくされた。（隠匿）

14 最近は目がコえたようだ。（肥）

15 今回の失敗はセめられても仕方がない。（責）

16 タマシイが抜けたような表情をしている。（魂）

17 このウめ合わせは後日必ず致します。（埋）

18 古くから伝わるユエある家宝を見せてもらった。（故）

19 私の家は代々生糸をアキナっている。（商）

20 キワめて優秀な成績で卒業することができた。（極）

21 イタらぬ者ですがよろしくお願いします。（至）

22 世界文明のミナモトを訪ねる旅に出た。（源）

23 向こうの意見をサカテにとる。（逆手）

24 車に駐車違反のシルシをつけられた。（印）

25 作品が雑誌にノせられることになった。（載）

漢字の書き取り 2

/25

●次の――線の**カタカナ**を**漢字**に直して（　）の中に記せ。

1 久しぶりに部屋の**モヨウ**替えをした。（模様）

2 決められた**カゼイ**額を期日内に納入する。（課税）

3 身の**ケッパク**を多くの人の前で主張した。（潔白）

4 先生の歴史の**コウギ**はとてもおもしろい。（講義）

5 **オツ**な味に舌つづみを打つ。（乙）

6 知人からの、急な仕事の依頼を**カイダク**する。（快諾）

7 考え方の違いから、グループが**ブンレツ**した。（分裂）

8 三**セキ**のヨットが沖を帆走している。（隻）

9 疑いをかけられ身柄を**コウソク**された。（拘束）

10 ゲームは見事な**セツジョク**戦となった。（雪辱）

11 ナポレオン**コウテイ**を描いた絵を見せる。（皇帝）

12 外国の小説を日本語にホンヤクする。（翻訳）

13 ビタミンのケツボウで体調を崩すこともある。（欠乏）

14 八方破れのサムライが主人公の映画だ。（侍）

15 大きなワザワいが降りかかる。（災）

16 製品の品質と値段をキソい合っている。（競）

17 ご飯はよくムらしてから食べなさい。（蒸）

18 ムズカしい入国手続きをようやく済ませた。（難）

19 晴れの日に日本髪をユう。（結）

20 無理な計画をアヤぶむ声が圧倒的に多い。（危）

21 面倒な仕事を人にマカせてはいけない。（任）

22 留守中に預かった荷物を隣の家にトドける。（届）

23 突然の暴風雨にアい、山小屋に逃げ込む。（遭）

24 ジュースを買おうとポケットをサグる。（探）

25 構成は巧みだが文章表現が少しカタい。（硬）

漢字の書き取り 3

●次の――線のカタカナを漢字に直して（　）の中に記せ。

1 公金のオウリョウ事件が発覚し世間を騒がせた。（横領）

2 ルイジ品が出回りとても迷惑している。（類似）

3 近所の店で焼きたての食パンをイッキン買った。（一斤）

4 天皇や皇后などの墓をゴリョウという。（御陵）

5 自然のセツリに従う。（摂理）

6 大都市キンコウの住宅地に自宅を新築した。（近郊）

7 あの企業は多くのフサイを抱えて倒産した。（負債）

8 友だちから届いた手紙を急いでカイフウした。（開封）

9 航空機のツイラク事故がテレビで報道された。（墜落）

10 エンカイに誘われて帰りが遅くなる。（宴会）

11 トツジョ部屋の電灯が消えて驚いた。（突如）

／25

12 マラソンで選手にバンソウする予定だ。（伴走）

13 祖父のキチュウのため祝い事は遠慮する。（忌中）

14 森では生き物たちのイトナみが繰り返されている。（営）

15 小さいころにヒタイについた傷跡が残っている。（額）

16 駅前で荷物をアズけた。（預）

17 心によくトめて忘れないようにしよう。（留）

18 台所から妻の米をトぐ音が聞こえる。（研）

19 気長にシオドキを待っている。（潮時）

20 私の母はしつけにキビしい人であった。（厳）

21 病気の回復を祈願して祖母が念仏をトナえている。（唱）

22 雲が高山のイタダキにかかっている。（頂）

23 不意の来客でアワてて部屋を片づけた。（慌）

24 じっと目をコらすと鮮明に見えてくる。（凝）

25 平凡な日常にナれてしまい、退屈する。（慣）

漢字の書き取り 4

/25

●次の――線のカタカナを漢字に直して（　）の中に記せ。

1 ドクソウ性のある構想を練っている。（独創）

2 議会解散はシュウチの事実だ。（周知）

3 カノウな限り毎回会合に出席したい。（可能）

4 オウジに盛んだった諸行事をしのぶ。（往時）

5 農民たちはつらいシエキを免除された。（使役）

6 選手がシンパン員に厳重注意を受けた。（審判）

7 映画界のキョショウといわれる人だった。（巨匠）

8 午後はコハンをゆっくりと散策する予定だ。（湖畔）

9 皆の協力のおかげでようやく事業がキドウに乗った。（軌道）

10 セイレンな人柄で国民の信頼が厚い。（清廉）

11 一方的にハイセキされ、納得がいかない。（排斥）

12 今こそ税制のカイカクに着手すべきだ。（改革）

13 要点をむだなくカンケツにまとめる。（簡潔）

14 月末までに授業料をオサめてください。（納）

15 アくことのない探究心を持つ。（飽）

16 オサナい日の思い出を大切にしたい。（幼）

17 カラいものばかり食べるのは体によくない。（辛）

18 ゼニカネの問題ではないと思います。（銭金）

19 晩御飯に自家製のアジのヒモノを食べた。（干物）

20 紙をタテに長く切る。（縦）

21 人々から人生の師とウヤマわれた人です。（敬）

22 とんだシロモノをつかまされて怒り心頭だ。（代物）

23 失望に沈む妹を、優しくナグサめる。（慰）

24 石碑の前で旅の思い出に写真を一枚トる。（撮）

25 クジラが潮を吹いて泳ぐ様子を船の上から見る。（鯨）

漢字の書き取り 5

/25

●次の――線のカタカナを漢字に直して（　）の中に記せ。

1 新幹線の中でシャショウが検札している。（車掌）

2 父のイサンを分配する。（遺産）

3 戦争は、人道にハイハンするものだ。（背反）

4 紙面の抜本的なサッシンを計画している。（刷新）

5 ハンシュが家来を率いて領地にもどる。（藩主）

6 ボウグループ企業の社長が極秘で入院した。（某）

7 滞納している家賃をセイキュウされた。（請求）

8 ここは昔の人が大変な苦労をしてカイコンした場所だ。（開墾）

9 テストでソウジ形に関する問題が出た。（相似）

10 騒動のチンアツには一昼夜以上かかるだろう。（鎮圧）

11 この優勝は日ごろのタンレンの成果だ。（鍛錬 鍛練）

12 キノコを使ったキョウド料理を味わう。（郷土）

13 ジュンスイな気持ちから出た言葉だ。（純粋）

14 高いビルが林のようにムラがり立っている。（群）

15 各自テサげ袋を持ってきてください。（手提）

16 親のカタキを討つ。（敵）

17 客をいつでもエガオで出迎える店だ。（笑顔）

18 トップとの距離が少しずつチヂまってきた。（縮）

19 ハタを織る音が聞こえる。（機）

20 秘密が少しもモれないように注意する。（漏）

21 時期が来るまで事情はフせておこう。（伏）

22 筆のホを指先でそろえながら考え込んだ。（穂）

23 旅行と聞くと矢もタテもたまらない。（盾）

24 今年から会社にツトめることになった。（勤）

25 人込みにマギれて姿が見えなくなってしまった。（紛）

漢字の書き取り 6

●次の——線のカタカナを漢字に直して（　）の中に記せ。

1 郷土資料館で町のエンカクを調べた。（沿革）

2 これは各地をホウロウした経験から生まれた作品だ。（放浪）

3 陰湿なサクリャクを巡らす。（策略）

4 三丁目の交差点近くでキッサ店を営む。（喫茶）

5 味方のギダのおかげで追加点が入った。（犠打）

6 室内のレイボウの温度を少し上げる。（冷房）

7 東京へ単身フニンすることに決めた。（赴任）

8 コウロウからはるか下の景色を楽しむ。（高楼）

9 売れ筋の商品から早速チンレツする。（陳列）

10 エイタンの助詞を用いて短歌を作る。（詠嘆）

11 カダンの土に有機肥料を混ぜ込んだ。（花壇）

/25

12 キョジャクな体をもっと丈夫にしたい。（虚弱）

13 大昔にケッキョ生活をしていた跡だ。（穴居）

14 ハり詰めていた気持ちが緩んでしまった。（張）

15 コロんでも決して泣かない強い子だ。（転）

16 詳しくワケを話した。（訳）

17 新チームをヒキいて対抗戦に出場した。（率）

18 昔はカイコを飼っている農家が多かった。（蚕）

19 問題はワリアイ易しかった。（割合）

20 人情の機微を描いてアマすところがない。（余）

21 こうなっては手のホドコしようがない。（施）

22 当初の予算案は最後には大幅にケズられた。（削）

23 全国からハゲましの手紙が寄せられた。（励）

24 庭の木の葉をユする風の音がやまない。（揺）

25 夏の夜明かりをシタって虫が舞い込んだ。（慕）

漢字の書き取り 7

●次の——線の**カタカナ**を**漢字**に直して（　）の中に記せ。

1 胃酸の**ブンピツ**を抑える。（分泌）

2 まさに**ジゴク**で仏という気持ちであった。（地獄）

3 国外の事故で**ホウジン**の安否確認を急ぐ。（邦人）

4 乳幼児の**チッソク**事故を無くしたい。（窒息）

5 審議会の意見をまとめて年内に**トウシン**する。（答申）

6 **コンイロ**の真新しい制服を着て登校する。（紺色）

7 買い置きしていた**ヒョウハク**剤を使う。（漂白）

8 街頭演説は長い時間の割に内容が**ヒンジャク**だった。（貧弱）

9 **ヒレツ**なやり方で相手を困らせてはいけない。（卑劣）

10 警察の事情**チョウシュ**に応じたようだ。（聴取）

11 **キジョウ**に何冊も辞典を広げて勉強する。（机上）

/25

12 しんらつな皮肉や悪口の言葉を**ドクゼツ**という。（毒舌）

13 兄は**ワンガン**を警備する任務に携わっている。（湾岸）

14 苦労がやっと**ムク**われた。（報）

15 親に**サカ**らって黙って家を飛び出した。（逆）

16 線路に**ソ**って松の並木が続いている。（沿）

17 室内は常時約二十度を**タモ**っている。（保）

18 お世話になった恩師の墓前に花を**ソナ**える。（供）

19 市役所に市民の相談窓口を**モウ**ける。（設）

20 雲が低く**タ**れ込めて雨の気配がする。（垂）

21 **ミゼニ**を切って研究所を運営し続けた。（身銭）

22 飲酒を**シ**いるのはよくない。（強）

23 音楽堂から明るく**ホガ**らかな歌声が聞こえる。（朗）

24 知らぬ間に悪事の**カタボウ**をかつがされた。（片棒）

25 **オオヤケ**の場での発言が物議をかもした。（公）

漢字の書き取り 8

/25

●次の——線のカタカナを漢字に直して（　）の中に記せ。

1 期待にこたえてようやく実力をハッキした。（発揮）

2 ソンダイに構えた態度が気に入らない。（尊大）

3 組織のジクとなって働く。（軸）

4 完成まで多くのギセイを払うことになった。（犠牲）

5 山でリョウシが野ウサギを捕まえた。（猟師）

6 言いようのないコドクを感じて寂しくなる。（孤独）

7 とりあえず五年間のザンテイ税率とする。（暫定）

8 台風で列車の脱線テンプク事故が起きる。（転覆）

9 本日のご案内はシュウリョウ致しました。（終了）

10 広場で美しいキクの展示をしている。（菊）

11 彼女はヒアイに満ちた表情をしていた。（悲哀）

12 私は農学部で**チクサン**について学んでいる。（畜産）

13 歴史上名高い人が作った歌の**ヒ**を見る。（碑）

14 彼は郷土の民話の研究家で、多くの本を**アラワ**している。（著）

15 親から**サズ**かったかけがえのない命です。（授）

16 代表の名に**ソム**かぬ立派な成績を残した。（背）

17 万全の準備で試験に**ノゾ**んだ。（臨）

18 **スミ**やかな決断をぜひお願いします。（速）

19 世の中を**カシコ**く立ち回る。（賢）

20 連日の炎暑でついに池の水が**ヒ**上がった。（干）

21 他人の**ソラニ**とはよく言ったものだ。（空似）

22 若者にとって友情に**マサ**るものはない。（勝）

23 川の浅くて流れの急な所を**セ**という。（瀬）

24 これから次の任地へ**オモム**くところです。（赴）

25 かたくなな性格だから、一歩も**ユズ**らないだろう。（譲）

漢字の書き取り 9

●次の——線のカタカナを漢字に直して（　）の中に記せ。

1 何のインガでこんなひどい目に遭うのだろう。（因果）

2 芸道はいわゆるソウケの流派が中心になる。（宗家）

3 凶悪な罪をおかし、終身ケイとなった。（刑）

4 従来の方針にギネンを抱く。（疑念）

5 大事な財布をフンシツして気落ちしている。（紛失）

6 キュウリョウが開発されて住宅街になった。（丘陵）

7 あらゆる手段を講じたが、もうバンサク尽きた。（万策）

8 テツガクの難解な本を抱えて教室に入る。（哲学）

9 駅の窓口に行ってキップを二枚買った。（切符）

10 旅先で見たものをコクメイに記録する。（克明）

11 チュウセンでハワイの旅行券が当たった。（抽選）

／25

12 外出するときはいつでも手帳をケイタイしている。（携帯）

13 まもなくニチボツの時間だ。（日没）

14 ついに法のサバきを受けることになった。（裁）

15 三月に入り少しずつアタタかくなってきた。（暖）

16 衛星都市ではイチジルしい人口の増加が見られる。（著）

17 夕食にコった京風料理をいただいた。（凝）

18 宿敵に逆転負けしてクヤし涙を流す。（悔）

19 会社をヤめて商売を始めた。（辞）

20 いざこざをサけることができてほっとする。（避）

21 自分の首をシめるようなことをするな。（絞）

22 第一試合で強豪を相手にオしくも敗れた。（惜）

23 この度合唱団の指揮をトることになった。（執）

24 久しぶりにオダやかな天気が続いている。（穏）

25 このごろ何事もヒカえるのが習慣になっている。（控）

書き取り

漢字の書き取り 10

次の――線のカタカナを漢字に直して（　）の中に記せ。

1 遊覧船がカイキョウを航行している。（海峡）

2 弱点をヨウシャなく責める。（容赦）

3 祝賀会で大統領とのバイセキを許可される。（陪席）

4 桃太郎は、鬼をセイバツするために島に向かった。（征伐）

5 人権ヨウゴのポスターを廊下に掲示した。（擁護）

6 満員のホームで乗客がショウギ倒しになった。（将棋）

7 職場の近くにあるタクジ施設を利用する。（託児）

8 明日のソウギには妻と参列する予定だ。（葬儀）

9 ロウバから村に伝わる昔話を聞いた。（老婆）

10 歩き疲れたので木陰でザンジ休憩する。（暫時）

11 学校を出たらフクシの仕事に就こうと考えている。（福祉）

／25

12 祭りの日にはケイダイに夜店が出る。（境内）

13 ごショモウの品をお申しつけください。（所望）

14 気力をフルい起こしてやっと乗り切った。（奮）

15 カブヌシ総会は平穏無事に終了した。（株主）

16 完成にはまだホドトオい。（程遠）

17 おヒメ様が豪華な装飾品を身にまとう。（姫）

18 新緑の木々が湖面に影をウツしている。（映）

19 洗った布をシボって干した。（絞）

20 全員が紅白に分かれてツナ引きをする。（綱）

21 気を引きシめて、決勝戦にいどんだ。（締）

22 今回の計画にトモナう危険は大変大きい。（伴）

23 いろいろな規則をユルめることにした。（緩）

24 口で言うほどナマヤサしいものではない。（生易）

25 タメしに新しい手法をとることにした。（試）

総まとめ

第1回

/200

(一) 次の――線の**読み**を**ひらがな**で記せ。 (30) 1×30

1 弱冠二十歳で全国優勝した。 (　　)
2 子ども向けの娯楽番組を見る。 (　　)
3 破廉恥な行為は許せない。 (　　)
4 峡谷沿いの山道を歩く。 (　　)
5 二者択一を迫られている。 (　　)
6 申請書に本籍地を明記する。 (　　)
7 大型の精錬工場が立ち並ぶ。 (　　)
8 滑車で岩石を動かした。 (　　)
9 道のほとりに野菊が咲く。 (　　)
10 畜産の仕事に従事する。 (　　)
11 床の間に一対の置き物を飾る。 (　　)
12 完膚なきまでに打ち負かした。 (　　)
13 見る者の心を魅了する絵画だ。 (　　)
14 既成の事実は動かしがたい。 (　　)
15 凶作が続き餓死する者が出た。 (　　)
16 偶発的な事件であった。 (　　)
17 社長の令嬢が結婚する。 (　　)
18 後輩の熱意に触発される。 (　　)
19 裁判所は上告を棄却した。 (　　)

20 彼の該博な知識に敬服する。（　）
21 時間を惜しんで仕事をする。（　）
22 赤い糸で縁どりをする。（　）
23 先方の粋な計らいに感激する。（　）
24 侍が刀の手入れをする。（　）
25 子どもの健やかな成長を祝う。（　）
26 額に脂汗がにじんできた。（　）
27 車窓から裸麦の畑をながめる。（　）
28 素早く身繕いをして家を出た。（　）
29 言い方に独特の癖がある。（　）
30 この公園は市民の憩いの場だ。（　）

（二） 次の――線のカタカナにあてはまる漢字をそれぞれのア～オから選び、記号を〔　〕に記入せよ。 (30) 2×15

1 故人の一周キの法要を営む。〔　〕
2 ようやく工事がキ道に乗った。〔　〕
3 人生のキ路に立っている。〔　〕
（ア 岐　イ 忌　ウ 幾　エ 軌　オ 気）

4 事実がかなりコ張されている。〔　〕
5 桜の古木がついにコ死した。〔　〕
6 打球は大きくコを描いた。〔　〕
（ア 孤　イ 枯　ウ 弧　エ 誇　オ 故）

7 日本では天然トウは根絶された。（　）
8 冬山で足がトウ傷にかかった。（　）
9 トウ器のカップを割ってしまった。（　）
（ア 陶　イ 痘　ウ 討　エ 凍　オ 倒）

10 証人カン問が行われた。（　）
11 新入部員をカン迎する。（　）
12 経営方針の転カンを図る。（　）
（ア 乾　イ 換　ウ 喚　エ 歓　オ 勧）

13 不注意でやけどをオった。（　）
14 警察官が犯人をオう。（　）
15 庭に草がオい茂っている。（　）
（ア 生　イ 追　ウ 織　エ 折　オ 負）

（三）次の1～5の三つの□に共通する漢字を入れて熟語を作れ。漢字はア～コから選び、記号を（　）に記入せよ。(10) 2×5

1 合□・車□・□中（　）
2 □火・□静・重□（　）
3 □除・一□・清□（　）
4 争□・略□・□取（　）
5 □頭・□収・沈□（　）

ア 奪	イ 年	ウ 鎮	エ 図	オ 火
カ 意	キ 掌	ク 切	ケ 掃	コ 没

(四) **熟語の構成**のしかたには次のようなものがある。 (20) 2×10

ア 同じような意味の漢字を重ねたもの （**岩石**）
イ 反対または対応の意味を表す字を重ねたもの （**高低**）
ウ 上の字が下の字を修飾しているもの （**洋画**）
エ 下の字が上の字の目的語・補語になっているもの （**着席**）
オ 上の字が下の字の意味を打ち消しているもの （**非常**）

次の**熟語**は右の**ア～オ**のどれにあたるか、**一つ**選び、**記号**を（ ）に記入せよ。

1 濃淡 （ ）
2 昇天 （ ）
3 邪悪 （ ）
4 冗費 （ ）
5 免罪 （ ）
6 脱獄 （ ）
7 超越 （ ）
8 不詳 （ ）
9 胎児 （ ）
10 抑制 （ ）

(五) 次の漢字の**部首**を**ア～エ**から選び、**記号**を〔 〕に記入せよ。 (10) 1×10

1 承 （ア 子 イ 水 ウ 亅 エ 手） 〔 〕
2 処 （ア 几 イ ノ ウ 夂 エ 夕） 〔 〕

3 趣（ア 土　イ 走　ウ 耳　エ 又）（　）

4 影（ア 彡　イ 日　ウ 亠　エ 小）（　）

5 搾（ア 宀　イ 二　ウ 扌　エ 穴）（　）

6 簿（ア 氵　イ ⺮　ウ 寸　エ 田）（　）

7 房（ア 戸　イ 尸　ウ 一　エ 方）（　）

8 湾（ア 八　イ 氵　ウ 亠　エ 弓）（　）

9 慨（ア 旡　イ 艮　ウ 忄　エ 儿）（　）

10 某（ア 干　イ 凵　ウ 十　エ 木）（　）

(六) 次の□内に入る適切な語を、後の□の中から選んで漢字に直して（　）に記入し、**対義語・類義語**を作れ。 (20) 2×10

対義語

1 追加—□除（　）

2 短命—長□（　）

3 悪化—□転（　）

4 協調—□他（　）

5 辞退—受□（　）

類義語

6 大要—□略（　）

7 計算—□定（　）

8 永遠—恒□（　）

9 決意—覚□（　）

10 繁栄—□盛（　）

がい・かん・きゅう・ご・こう
さく・じゅ・だく・はい・りゅう

(七) 次の――線のカタカナを漢字と送りがな(ひらがな)に直せ。 (10) 2×5

〈例〉 問題にコタエル。(答える)

1 試合の展開をぐっと目をコラシて見守っている。( )

2 海にモグルと鮮やかな色の魚が泳いでいた。( )

3 今ごろ桜が咲くとはメズラシイ現象だ。( )

4 多忙のため家庭をカエリミル暇もなかった。( )

5 健康のために、毎日運動をして身体をキタエル。( )

(八) 次の――線のカタカナを漢字に直して( )に記入し、文中の四字熟語を完成させよ。 (20) 2×10

1 フンレイ努力して成功を期する。( )

2 天才の面目ヤクジョたる成績だ。( )

3 困苦ケツボウに耐える。( )

4 支離メツレツな話だ。( )

5 センガク非才で恥ずかしい。( )

6 文体がシュビ一貫している。( )

7 カメラをエンカク操作する。( )

8 セイコウ雨読の生活を送る。( )

9 不当な話に怒髪ショウテンした。( )

10 試行サクゴの末、完成させた。( )

(九) 次の各文にまちがって使われている**同じ読みの漢字**が**一字**ある。**上の( )に誤字**を、**下の〔 〕に正しい漢字**を記せ。

(10) 2×5

1 戦争の混乱により別離する恋人の悲激を描いた映画が観客の涙を誘った。

誤( )正〔 〕

2 関節痛に効くことで評判の湖半の温泉に全国各地から湯治客が訪れる。

誤( )正〔 〕

3 度重なる協議の結果、諸般の事情を考慮して実至を見送ることに決定した。

誤( )正〔 〕

4 漁業に辛刻な被害を与える原油流出事故は海洋生態系にも影響を及ぼす。

誤( )正〔 〕

5 宣伝や広告に奇抜な手法を使ったことで、商品の売り上げが大きく延びた。

誤( )正〔 〕

（十）次の——線のカタカナを漢字に直せ。

(40) 2×20

1 積極的に自己ケイハツに取り組む。（　）
2 伝統の踊りを神社にホウノウする。（　）
3 従業員のタイグウ改善を求める。（　）
4 職務タイマンだとしかられた。（　）
5 責任者がチンシャした。（　）
6 コウイ室でジャージに着替える。（　）
7 大雪で山小屋がホウカイした。（　）
8 成長ホルモンのブンピツを促す。（　）
9 会長のご高説をハイチョウしたい。（　）
10 企画に新キジクを打ち出した。（　）
11 イナホが揺れる季節を迎えた。（　）
12 日ごとに恋しさがツノるばかりだ。（　）
13 望みはマボロシのように消えた。（　）
14 温泉とタキ巡りを満喫する。（　）
15 果物のツめ合わせを頂いた。（　）
16 経費はアラく見積もってある。（　）
17 味方をアザムいて逃亡した。（　）
18 よく耕した畑にナエを植えた。（　）
19 海峡に新しい橋をカける。（　）
20 物価高で家計を引きシめる。（　）

総まとめ 第2回

（一） 次の――線の**読み**を**ひらがな**で記せ。 (30) 1×30

1 開墾に必要な道具をそろえる。（　　）
2 周波数の振幅を測定する。（　　）
3 宗匠のお宅で茶会が催された。（　　）
4 両者の演技は甲乙つけがたい。（　　）
5 成功の見込みは皆無に近い。（　　）
6 旧説を墨守している。（　　）
7 大気汚染が問題になっている。（　　）
8 書物から要点を抜粋した。（　　）
9 納豆の苦手な人は案外多い。（　　）
10 病後は摂生に心掛けている。（　　）
11 裁判官の忌避を申し立てる。（　　）
12 鼻孔が乾いて気持ちが悪い。（　　）
13 努力が報われて吉報が届いた。（　　）
14 漏斗で調味料を小びんに移す。（　　）
15 一週間分の食糧を貯蔵する。（　　）
16 湾岸の警備にあたる。（　　）
17 朗らかで屈託のない性格だ。（　　）
18 中世の錬金術師の物語を読む。（　　）
19 規模の大きな古墳を見学する。（　　）

／200

20 犬とサルは相性が悪い。（　）

21 天から授かった命だ。（　）

22 再任を妨げるものではない。（　）

23 試合前日は練習を控えよう。（　）

24 失敗しても恨んではいけない。（　）

25 言動を慎むよう忠告された。（　）

26 急報に慌てて家を飛び出す。（　）

27 丈夫で光沢のある生地だ。（　）

28 感動的な光景に目が潤む。（　）

29 話しぶりに人柄が出ている。（　）

30 庭をきれいに掃く。（　）

(二) 次の――線の**カタカナ**にあてはまる漢字をそれぞれの**ア〜オ**から選び、**記号**を〔　〕に記入せよ。

(30) 2×15

1 **ホウ**名を後世に残す。〔　〕

2 天衣無**ホウ**の性格であった。〔　〕

3 雪舟の作風を模**ホウ**した絵だ。〔　〕

（ア 倣　イ 抱　ウ 芳　エ 縫　オ 胞）

4 骨折をして担**カ**で運ばれた。〔　〕

5 寸**カ**を惜しんで読み続けた。〔　〕

6 年々式が**カ**美に流れる。〔　〕

（ア 華　イ 化　ウ 火　エ 暇　オ 架）

7 植物の生育がソ害される。　(　)
8 適切なソ置をとり急場をしのぐ。　(　)
9 寂れてソ石だけが残っている。　(　)
(ア礎　イ阻　ウ措　エ素　オ組)

10 大豆のサク柄を予想する。　(　)
11 時代サク誤の考え方を改めよう。　(　)
12 軍事費をサク減する。　(　)
(ア削　イ作　ウ策　エ錯　オ昨)

13 途中で方針をカえる。　(　)
14 命にはカえられない。　(　)
15 振りカえ休日で連休だ。　(　)
(ア替　イ科　ウ変　エ代　オ可)

(三) 次の1〜5の三つの□に**共通する漢字**を入れて熟語を作れ。漢字は**ア〜コ**から選び、**記号**を(　)に記入せよ。　(10) 2×5

1 □主・□士・列□　(　)
2 延□・沈□・□在　(　)
3 鼓□・皮□・網□　(　)
4 開□・□鎖・□建　(　)
5 地□・投□・□舎　(　)

ア 文	イ 舞	ウ 膜	エ 獄	オ 下
カ 滞	キ 封	ク 着	ケ 閉	コ 藩

(四) **熟語の構成**のしかたには次のようなものがある。 (20) 2×10

ア 同じような意味の漢字を重ねたもの　（**岩石**）
イ 反対または対応の意味を表す字を重ねたもの　（**高低**）
ウ 上の字が下の字を修飾しているもの　（**洋画**）
エ 下の字が上の字の目的語・補語になっているもの　（**着席**）
オ 上の字が下の字の意味を打ち消しているもの　（**非常**）

次の**熟語**は右の**ア～オ**のどれにあたるか、**一つ**選び、**記号**を（　）に記入せよ。

1 粗食（　）
2 無尽（　）
3 衰退（　）
4 聴衆（　）
5 雌雄（　）
6 陳述（　）
7 官民（　）
8 譲位（　）
9 魔術（　）
10 安穏（　）

(五) 次の漢字の**部首**を**ア～エ**から選び、**記号**を（　）に記入せよ。 (10) 1×10

1 曇（ア 日　イ 雨　ウ 二　エ ム）〔　〕
2 烈（ア 一　イ 灬　ウ 刂　エ 歹）〔　〕

3 罰（ア 罒　イ 言　ウ 口　エ 刂）（　）

4 獣（ア 𝑠　イ 田　ウ 口　エ 犬）（　）

5 翻（ア 米　イ 羽　ウ ノ　エ 田）（　）

6 撮（ア 曰　イ 耳　ウ 扌　エ 又）（　）

7 殊（ア 木　イ 二　ウ 夕　エ 歹）（　）

8 暫（ア 斤　イ 車　ウ 日　エ 亅）（　）

9 壇（ア 土　イ 亠　ウ 口　エ 日）（　）

10 裸（ア 衤　イ 日　ウ 田　エ 木）（　）

(六) 次の□内に入る適切な語を、後の□の中から選んで漢字に直して（　）に記入し、**対義語・類義語**を作れ。 (20) 2×10

対義語

1 尊大―□下（　）

2 名誉―恥□（　）

3 暗黒―光□（　）

4 巨大―□細（　）

5 相違―合□（　）

類義語

6 決行―□行（　）

7 節減―□約（　）

8 追放―排□（　）

9 苦難―□酸（　）

10 高低―起□（　）

かん・けん・じょく・しん・せき
ち・ひ・び・ふく・みょう

(七) 次の——線のカタカナを漢字と送りがな(ひらがな)に直せ。 (10) 2×5

〈例〉問題にコタエル。(答える)

1 長時間ネバッて取引成立までこぎつけた。( )

2 店主のニクラシイほどの心配りに感服する。( )

3 カーテンが初夏の心地よい風に吹かれてユレル。( )

4 炊けたご飯はしばらくムラシて水分を吸収させる。( )

5 物価の上昇をオサエル政策が求められた。( )

(八) 次の——線のカタカナを漢字に直して( )に記入し、文中の四字熟語を完成させよ。 (20) 2×10

1 試験の結果に一喜イチユウする。( )

2 ゲイイン馬食で体を壊す。( )

3 冠婚ソウサイにはマナーがある。( )

4 思わずハガン一笑した。( )

5 旧友とのロヘン談話に花が咲く。( )

6 暖衣ホウショクの世の中だ。( )

7 メンキョ皆伝を受ける。( )

8 この勝負は九分クリン勝つ。( )

9 不朽フメツの名作を読む。( )

10 毎日、ムガ夢中で練習した。( )

（九）次の各文にまちがって使われている**同じ読みの漢字**が**一字**ある。**上の（　）に誤字**を、**下の〔　〕に正しい漢字**を記せ。

（10）
2×5

1 雪が降りしきる厳寒のなか家族で初参りに行き、山寺の除夜の金を聞いた。
誤（　）正〔　〕

2 オリンピックの競戯施設などは当該大会が開催される三年前までに決定される。
誤（　）正〔　〕

3 定年を迎えた父は、念願だった各地の名所旧跡を暦訪する旅に出た。
誤（　）正〔　〕

4 総選挙後に成立した内郭は公約実現のため基本的な政策の検討に入った。
誤（　）正〔　〕

5 地球穏暖化が一因の異常気象は今後増加のおそれがあると指摘されている。
誤（　）正〔　〕

(十) 次の——線のカタカナを漢字に直せ。

(40) 2×20

1 人心のショウアクを心掛けている。（　　）
2 フクメンをした俳優が登場した。（　　）
3 会社のガイヨウを説明する。（　　）
4 工場建設をキトしている。（　　）
5 あきらめないことがカンヨウだ。（　　）
6 カイゾクの船団が接近してきた。（　　）
7 グレツな言動は自重すべきだ。（　　）
8 簡潔は機知のセイズイである。（　　）
9 ニセキの船が相次いで出港する。（　　）

10 世界情勢はコンメイしている。（　　）
11 昔から農業にタズサわっている。（　　）
12 ついに山頂をキワめた。（　　）
13 雪のカタマリを投げ合って遊ぶ。（　　）
14 富士五湖メグりの旅をした。（　　）
15 タノもしい味方ができて幸いだ。（　　）
16 入学して希望に胸をフクらませる。（　　）
17 事務用品を小売店にオロす。（　　）
18 一挙に五点をウバった。（　　）
19 溶けた鉄をイ型に流す。（　　）
20 気になるクセを早く直したい。（　　）

総まとめ 第1回 標準解答

(一) 読み (30)

1	じゃっかん
2	ごらく
3	はれんち
4	きょうこく
5	たくいつ
6	ほんせき
7	せいれん
8	かっしゃ
9	のぎく
10	ちくさん
11	いっつい
12	かんぷ
13	みりょう
14	きせい
15	がし
16	ぐうはつ
17	れいじょう
18	しょくはつ
19	ききゃく
20	がいはく
21	お
22	ふち
23	いき
24	さむらい
25	すこ
26	あぶらあせ
27	はだかむぎ
28	みづくろ
29	くせ
30	いこ

(二) 同音・同訓異字 (30)

1	イ
2	エ
3	ア
4	エ
5	イ
6	ウ
7	イ
8	エ
9	ア
10	ウ
11	エ
12	イ
13	オ
14	イ
15	ア

(三) 漢字識別 (10)

1	キ
2	ウ
3	ケ
4	ア
5	コ

(四) 熟語の構成 (20)

1	イ
2	エ
3	ア
4	ウ
5	エ
6	エ
7	ア
8	オ
9	ウ
10	ア

(五) 部首 (10)

1	エ
2	ア
3	イ
4	ア
5	ウ
6	イ

7	8	9	10
ア	イ	ウ	エ

(六) 対義語・類義語 (20)

1	2	3	4	5	6	7	8	9	10
削	寿	好	排	諾	概	勘	久	悟	隆

(七) 漢字と送りがな (10)

1	2	3	4	5
凝らし	潜る	珍しい	顧みる	鍛える

(八) 四字熟語 (20)

1	2	3	4	5	6	7	8
奮励	躍如	欠乏	滅裂	浅学	首尾	遠隔	晴耕

9	10
衝天	錯誤

(九) 誤字訂正 (10)

	1	2	3	4	5
誤	激	半	至	辛	延
正	劇	畔	施	深	伸

(十) 書き取り (40)

1	2	3	4	5	6	7	8	9	10	11	12	13	14	15
啓発	奉納	待遇	怠慢	陳謝	更衣	崩壊	分泌	拝聴	機軸	稲穂	募	幻	滝	詰

16	17	18	19	20
粗	欺	苗	架	締

総まとめ 第2回 標準解答

(一) 読み (30)

1	かいこん
2	しんぷく
3	そうしょう
4	こうおつ
5	かいむ
6	ぼくしゅ
7	おせん
8	ばっすい
9	なっとう
10	せっせい
11	きひ
12	びこう
13	きっぽう
14	ろうと
15	しょくりょう
16	わんがん
17	くったく
18	れんきん
19	こふん
20	あいしょう
21	さず
22	さまた
23	ひか
24	うら
25	つつし
26	あわ
27	きじ
28	うる
29	ひとがら
30	は

(二) 同音・同訓異字 (30)

1	ウ
2	エ
3	ア
4	オ
5	エ
6	ア
7	イ
8	ウ
9	ア
10	イ
11	エ
12	ア
13	ウ
14	エ
15	ア

(三) 漢字識別 (10)

1	コ
2	カ
3	ウ
4	キ
5	エ

(四) 熟語の構成 (20)

1	ウ
2	オ
3	ア
4	ウ
5	イ
6	ア
7	イ
8	エ
9	ウ
10	ア

(五) 部首 (10)

1	ア
2	イ
3	ア
4	エ
5	イ
6	ウ

7	8	9	10
エ	ウ	ア	ア

(六) 対義語・類義語 (20)

1	2	3	4	5	6	7	8	9	10
卑	辱	明	微	致	敢	倹	斥	辛	伏

(七) 漢字と送りがな (10)

1	2	3	4	5
粘っ	憎らしい	揺れる	蒸らし	抑える

(八) 四字熟語 (20)

1	2	3	4	5	6	7	8
一憂	鯨飲	葬祭	破顔	炉辺	飽食	免許	九厘

9	10
不滅	無我

(九) 誤字訂正 (10)

	1	2	3	4	5
誤	金	戯	暦	郭	穏
正	鐘	技	歴	閣	温

(十) 書き取り (40)

1	2	3	4	5	6	7	8	9	10	11	12	13	14	15
掌握	覆面	概要	企図	肝要	海賊	愚劣	精髄	二隻	混迷	携	極	塊	巡	頼

16	17	18	19	20
膨	卸	奪	鋳	癖

学年別漢字配当表

※学習指導要領の改訂に伴い、2020年度より出題対象漢字に一部変更があります。この資料は変更前の配当漢字によるものです。詳細は漢検ホームページをご確認ください。

	ア	イ	ウ	エ	オ	カ	キ	ク	ケ
1年【10級】		一	右雨	円	王音	下火花貝学	気九休玉金	空	月犬見
2年【9級】		引	羽雲	園遠		何科夏家歌画回会海絵外角楽活間丸岩顔	汽記帰弓牛魚京強教近		兄形計元言原
3年【8級】	悪安暗	医委意育員院飲	運	泳駅	央横屋温	化荷界開階寒感漢館岸	起期客究急級宮球去橋業曲局銀	区苦具君	係軽血決研県
4年【7級】	愛案	以衣位囲胃印		英栄塩	億	加果貨課芽改械害街各覚完官管関観願	希季紀喜旗器機議求泣救給挙漁共協鏡競極	訓軍郡	径型景芸欠結建健験
5年【6級】	圧	移因		永営衛易益液演	応往桜恩	可仮価河過賀快解格確額刊幹慣眼	基寄規技義逆久旧居許境均禁	句群	経潔件券険検限現減
6年【5級】		異遺域	宇	映延沿		我灰拡革閣割株干巻看簡	危机揮貴疑吸供胸郷勤筋		系敬警劇激穴絹権憲源厳

「小学校学習指導要領」（平成23年4月実施）による

	コ	サ	シ	ス	セ	ソ
1年【10級】	五口校	左三山	子四糸字耳七車手十出女小上森人	水	正生青夕石赤千川先	早草足村
2年【9級】	戸古午後語工公広交光考行高黄合谷国黒今	才細作算	止市矢姉思紙寺自時室社弱首秋週春書少場色食心新親	図数	西声星晴切雪船線前	組走
3年【8級】	庫湖向幸港号根	祭皿	仕死使始指歯詩次事持式実写者主守取酒受州拾終習集住重宿所暑助昭消商章勝乗植申身神真深進		世整昔全	相送想息速族
4年【7級】	固功好候航康告	差菜最材昨札刷殺察参産散残	士氏史司試児治辞失借種周祝順初松笑唱焼象照賞臣信		成省清静席積折節説浅戦選然	争倉巣束側続卒孫
5年【6級】	故個護効厚耕鉱構興講混	査再災妻採際在財罪雑酸賛	支志枝師資飼示似識質舎謝授修述術準序招承証条状常情織職		制性政勢精製税責績接設舌絶銭	祖素総造像増則測属率損
6年【5級】	己呼誤后孝皇紅降鋼刻穀骨困	砂座済裁策冊蚕	至私姿視詞誌磁射捨尺若樹収宗就衆従縦縮熟純処署諸除将傷障城蒸針仁	垂推寸	盛聖誠宣専泉洗染善	奏窓創装層操蔵臓存尊

	タ	チ	ツ	テ	ト	ナ	ニ	ネ	ノ	ハ	ヒ	フ	ヘ
1年【10級】	大男	竹中虫町		天田	土		二日入	年		白八	百	文	
2年【9級】	多太体台	地池知茶昼長鳥朝直	通	弟店点電	刀冬当東答頭同道読	内南	肉			馬売買麦半番		父風分聞	米
3年【8級】	他打対待代第題炭短談	着注柱丁帳調	追	定庭笛鉄転	都度投豆島湯登等動童				農	波配倍箱畑発反坂板	皮悲美鼻筆氷表秒病品	負部服福物	平返勉
4年【7級】	帯隊達単	置仲貯兆腸		低底停的典伝	徒努灯堂働特得毒			熱念		敗梅博飯	飛費必票標	不夫付府副粉	兵別辺変便
5年【6級】	退貸態団断	築張		提程適敵	統銅導徳独		任	燃	能	破犯判版	比肥非備俵評貧	布婦富武復複仏	編弁
6年【5級】	宅担探誕段暖	値宙忠著庁頂潮賃	痛	展	討党糖届	難	乳認		納脳	派拝背肺俳班晩	否批秘	腹奮	並陛閉片

	ホ	マ	ミ	ム	メ	モ	ヤ	ユ	ヨ	ラ	リ	ル	レ	ロ	ワ	学年字数	累計字数
1年【10級】	木本				名	目					立力林			六		八〇字	八〇字
2年【9級】	歩母方北	毎妹万			明鳴	毛門	夜野	友	用曜	来	里理				話	一六〇字	二四〇字
3年【8級】	放		味		命面	問	役薬	由油有遊	予羊洋葉陽様	落	流旅両緑		礼列練	路	和	二〇〇字	四四〇字
4年【7級】	包法望牧	末満	未脈民	無			約	勇	要養浴		利陸良料量輪	類	令冷例歴連	老労録		二〇〇字	六四〇字
5年【6級】	保墓報豊防貿暴			務夢	迷綿			輸	余預容		略留領					一八五字	八二五字
6年【5級】	補暮宝訪亡忘棒	枚幕	密		盟	模	訳	郵優	幼欲翌	乱卵覧	裏律臨			朗論		一八一字	一〇〇六字

「漢検」級別漢字表

※学習指導要領の改訂に伴い、2020年度より出題対象漢字に一部変更があります。この資料は変更前の配当漢字によるものです。詳細は漢検ホームページをご確認ください。

	ア	イ	ウ	エ	オ	カ	キ	ク	ケ
4級	握扱	依威為偉違維緯壱芋陰隠		影鋭越援煙鉛縁	汚押奥憶	菓暇箇雅介戒皆壊較獲刈甘汗乾勧歓監環鑑含	奇祈鬼幾輝儀戯詰却脚及丘朽巨拠距御凶叫狂況狭恐響驚仰	駆屈掘繰	恵傾継迎撃肩兼剣軒圏堅遣玄
3級	哀	慰		詠悦閲炎宴	欧殴乙卸穏	佳架華嫁餓怪悔塊慨該概郭隔穫岳掛滑肝冠勘貫喚換敢緩	企岐忌軌既棋棄騎欺犠菊吉喫虐虚峡脅凝斤緊	愚偶遇	刑契啓掲携憩鶏鯨倹賢幻
準2級	亜	尉逸姻韻	畝浦	疫謁猿	凹翁虞	渦禍靴寡稼蚊拐懐劾涯垣核殻嚇潟括喝渇褐轄且缶陥患堪棺款閑寛憾還艦頑	飢宜偽擬糾窮拒享挟恭矯暁菌琴謹襟吟	隅勲薫	茎渓蛍慶傑嫌献謙繭顕懸弦
2級	挨曖宛嵐	畏萎椅彙茨咽淫	唄鬱	怨媛艶	旺岡臆俺	苛牙瓦楷潰諧崖蓋骸柿顎葛釜鎌韓玩	伎亀毀畿臼嗅巾僅錦	惧串窟熊	詣憬稽隙桁拳鍵舷

（小学校学年別配当漢字を除く1130字）

	コ	サ	シ	ス	セ	ソ	タ	チ
4級	枯誇鼓互抗攻更恒荒香項稿豪込婚	鎖彩歳載剤咲惨	旨伺刺脂紫雌執芝斜煮釈寂朱狩趣需舟秀襲柔獣瞬旬巡盾召床沼称紹詳丈畳殖飾触侵振浸寝慎震薪尽陣尋	吹	是井姓征跡占扇鮮	訴僧燥騒贈即俗	耐替沢拓濁脱丹淡嘆端弾	恥致遅蓄沖跳徴澄沈珍
3級	孤弧雇顧娯悟孔巧甲坑拘郊控慌硬絞綱酵克獄恨紺魂墾	債催削搾錯撮擦暫	祉施諮侍慈軸疾湿赦邪殊寿潤遵如徐匠昇掌晶焦衝鐘冗嬢錠譲嘱辱伸辛審	炊粋衰酔遂穂随髄	瀬牲婿請斥隻惜籍摂潜繕	阻措粗礎双桑掃葬遭憎促賊	怠胎袋逮滞滝択卓託諾奪胆鍛壇	稚畜窒抽鋳駐彫超聴陳鎮
準2級	呉碁江肯侯洪貢溝衡購拷剛酷昆懇	佐唆詐砕宰栽斎崎索酢桟傘	肢嗣賜滋璽漆遮蛇酌爵珠儒囚臭愁酬醜汁充渋銃叔淑粛塾俊准殉循庶緒叙升抄肖尚宵症祥渉訟硝粧詔奨彰償礁浄剰縄壌醸津唇娠紳診刃迅甚	帥睡枢崇据杉	斉逝誓析拙窃仙栓旋践遷薦繊禅漸	租疎塑壮荘捜挿曹喪槽霜藻	妥堕惰駄泰濯但棚	痴逐秩嫡衷弔挑眺釣懲勅朕
2級	股虎錮勾梗喉乞傲駒頃痕	沙挫采塞埼柵刹拶斬	恣摯餌鹿叱嫉腫呪袖羞蹴憧拭尻芯腎	須裾	凄醒脊戚煎羨腺詮箋膳	狙遡曽爽痩踪捉遜	汰唾堆戴誰旦綻	緻酎貼嘲捗

	ツ	テ	ト	ナ	ニ	ネ	ノ	ハ	ヒ	フ	ヘ	ホ	マ
4級		抵堤摘滴添殿	吐途渡奴怒到逃倒唐桃透盗塔稲踏闘胴峠突鈍曇		弐		悩濃	杯輩拍泊迫薄爆髪抜罰般販搬範繁盤	彼疲被避尾微匹描浜敏	怖浮普腐敷膚賦舞幅払噴	柄壁	捕舗抱峰砲忙坊肪冒傍帽凡盆	慢漫
3級	墜	帝訂締哲	斗塗凍陶痘匿篤豚		尿	粘		婆排陪縛伐帆伴畔藩蛮	卑碑泌姫漂苗	赴符封伏覆紛墳	癖	募慕簿芳邦奉胞倣崩飽縫乏妨房某膨謀墨没翻	魔埋膜又
準2級	塚漬坪	呈廷邸亭貞逓偵艇泥迭徹撤	悼搭棟筒謄騰洞督凸屯	軟	尼妊忍	寧		把覇廃培媒賠伯舶漠肌鉢閥煩頒	妃披扉罷猫賓頻瓶	扶附譜侮沸雰憤	丙併塀幣弊偏遍	泡俸褒剖紡朴僕撲堀奔	麻摩磨抹
2級	椎爪鶴	諦溺塡	妬賭藤瞳栃頓貪丼	那奈梨謎鍋	匂虹	捻		罵剝箸氾汎阪斑	眉膝肘	阜訃	蔽餅璧蔑	哺蜂貌頰睦勃	味枕

	ミ	ム	メ	モ	ヤ	ユ	ヨ	ラ	リ	ル	レ	ロ	ワ	計		累計《るいけい》
4級	妙眠	矛霧娘		茂猛網黙紋	躍	雄	与誉溶腰踊謡翼	雷頼絡欄	離粒慮療隣	涙	隷齢麗暦劣烈恋	露郎	惑腕	三一六字	五級まで 一〇〇六字（学習漢字）	一三二二字
3級	魅		滅免			幽誘憂	揚揺擁抑	裸濫	吏隆了猟陵糧厘		励零霊裂廉錬	炉浪廊楼漏	湾	二八五字	四級まで 一三二二字	一六〇七字
準2級	岬		銘	妄盲耗	厄	愉諭癒唯悠猶裕融	庸窯	羅酪	痢履柳竜硫虜涼僚寮倫	累塁	戻鈴		賄枠	三三三字	三級まで 一六〇七字	一九四〇字
2級	蜜		冥麺		冶弥闇	喩湧	妖瘍沃	拉辣藍	璃慄侶瞭	瑠		呂賂弄籠麓	脇	一九六字	準二級まで 一九四〇字	二一三六字

常用漢字表 付表（熟字訓・当て字 一一六語）

※学習指導要領の改訂に伴い、２０２０年度より出題対象漢字に一部変更があります。この資料は変更前の配当漢字によるものです。詳細は漢検ホームページをご確認ください。

漢字	読み	小	中	高
明日	あす	○		
小豆	あずき		○	
海女・海士	**あま**			○
硫黄	いおう		○	
意気地	いくじ		○	
田舎	いなか		○	
息吹	**いぶき**			○
海原	うなばら		○	
乳母	うば		○	
浮気	**うわき**			○
浮つく	うわつく		○	
笑顔	えがお		○	
叔父・伯父	おじ		○	
大人	おとな	○		
乙女	おとめ		○	
叔母・伯母	おば		○	
お巡りさん	おまわりさん		○	
お神酒	**おみき**			○
母屋・母家	**おもや**			○
母さん	かあさん	○		
神楽	**かぐら**			○
河岸	**かし**			○
鍛冶	かじ		○	
風邪	かぜ		○	
固唾	かたず		○	
仮名	かな		○	
蚊帳	**かや**			○
為替	かわせ		○	
河原・川原	かわら	○		
昨日	きのう	○		
今日	きょう	○		
果物	くだもの	○		
玄人	**くろうと**			○
今朝	けさ	○		
景色	けしき	○		
心地	ここち		○	

※小学校・中学校・**高等学校**のどの時点で学習するかの割り振りを示しました。

漢字	読み	小	中	高
居士	**こじ**			○
今年	ことし	○		
早乙女	さおとめ		○	
雑魚	**ざこ**			○
桟敷	**さじき**			○
差し支える	さしつかえる		○	
五月	さつき		○	
早苗	さなえ		○	
五月雨	さみだれ		○	
時雨	しぐれ		○	
尻尾	しっぽ		○	
竹刀	しない		○	
老舗	しにせ		○	
芝生	しばふ		○	
清水	しみず	○		
三味線	しゃみせん		○	
砂利	じゃり		○	
数珠	**じゅず**			○
上手	じょうず	○		
白髪	しらが		○	

漢字	読み	小	中	高
素人	**しろうと**			○
師走	**しわす(しはす)**			○
数寄屋・数奇屋	**すきや**			○
相撲	すもう		○	
草履	ぞうり		○	
山車	**だし**			○
太刀	たち		○	
立ち退く	たちのく		○	
七夕	たなばた	○		
足袋	たび		○	
稚児	**ちご**			○
一日	ついたち	○		
築山	**つきやま**			○
梅雨	つゆ		○	
凸凹	でこぼこ		○	
手伝う	てつだう	○		
伝馬船	**てんません**			○
投網	**とあみ**			○
父さん	とうさん	○		
十重二十重	**とえはたえ**			○

漢字	読み	小	中	高
読経	**どきょう**			○
時計	とけい	○		
友達	ともだち	○		
仲人	**なこうど**			○
名残	なごり		○	
雪崩	なだれ		○	
兄さん	にいさん	○		
姉さん	ねえさん	○		
野良	**のら**			○
祝詞	**のりと**			○
博士	はかせ	○		
二十・二十歳	はたち		○	
二十日	はつか	○		
波止場	はとば		○	
一人	ひとり	○		
日和	ひより		○	
二人	ふたり	○		
二日	ふつか	○		
吹雪	ふぶき		○	
下手	へた	○		

漢字	読み	小	中	高
部屋	へや	○		
迷子	まいご	○		
真面目	まじめ	○		
真っ赤	まっか	○		
真っ青	まっさお	○		
土産	みやげ		○	
息子	むすこ		○	
眼鏡	めがね	○		
猛者	**もさ**			○
紅葉	もみじ		○	
木綿	もめん		○	
最寄り	もより		○	
八百長	**やおちょう**			○
八百屋	やおや	○		
大和	やまと		○	
弥生	やよい		○	
浴衣	**ゆかた**			○
行方	ゆくえ		○	
寄席	**よせ**			○
若人	わこうど		○	

二とおりの読み

↓のようにも読める。

「常用漢字表」（平成22年）本表備考欄による

遺言	ユイゴン	↓ イゴン
奥義	オウギ	↓ おくギ
堪能	カンノウ	↓ タンノウ
吉日	キチジツ	↓ キツジツ
兄弟	キョウダイ	↓ ケイテイ
甲板	カンパン	↓ コウハン
合点	ガッテン	↓ ガテン
昆布	コンブ	↓ コブ
紺屋	コンや	↓ コウや
詩歌	シカ	↓ シイカ
七日	なのか	↓ なぬか
老若	ロウニャク	↓ ロウジャク
寂然	セキゼン	↓ ジャクネン
法主	ホッス	↓ ホウシュ　ホッシュ
十	ジッ	↓ ジュッ
情緒	ジョウチョ	↓ ジョウショ
憧憬	ショウケイ	↓ ドウケイ
人数	ニンズ	↓ ニンズウ
寄贈	キソウ	↓ キゾウ
側	がわ	↓ かわ
唾	つば	↓ つばき
愛着	アイジャク	↓ アイチャク
執着	シュウジャク	↓ シュウチャク
貼付	チョウフ	↓ テンプ
難しい	むずかしい	↓ むつかしい
分泌	ブンピツ	↓ ブンピ
富貴	フウキ	↓ フッキ
文字	モンジ	↓ モジ
大望	タイモウ	↓ タイボウ
頰	ほお	↓ ほほ
末子	バッシ	↓ マッシ
末弟	バッテイ	↓ マッテイ
免れる	まぬかれる	↓ まぬがれる
妄言	ボウゲン	↓ モウゲン
面目	メンボク	↓ メンモク
問屋	とんや	↓ といや
礼拝	ライハイ	↓ レイハイ

注意すべき読み

「常用漢字表」（平成22年）本表備考欄による

三位一体	サンミイッタイ
従三位	ジュサンミ
一羽	イチわ
三羽	サンば
六羽	ロッぱ
春雨	はるさめ
小雨	こさめ
霧雨	きりさめ
因縁	インネン
親王	シンノウ
勤王	キンノウ
反応	ハンノウ
順応	ジュンノウ
観音	カンノン
安穏	アンノン
天皇	テンノウ
身上	シンショウ シンジョウ （読み方により意味が違う）
一把	イチワ
三把	サンバ
十把	ジッ（ジュッ）パ

部首一覧表

表の上には部首を画数順に配列し、下には漢字の中で占める位置によって形が変化するものや特別な名称を持つものを示す。

偏《へん》…
旁《つくり》…
冠《かんむり》…
脚《あし》…
垂《たれ》…
繞《にょう》…
構《かまえ》…

番号	部首	部首	位置	名称
一画				
1	【一】	一		いち
2	【丨】	丨		ぼう たてぼう
3	【丶】	丶		てん
4	【丿】	丿		の はらいぼう
5	【乙】	乙		おつ
		乚		おつ
6	【亅】	亅		はねぼう
二画				
7	【二】	二		に
8	【亠】	亠		なべぶた けいさんかんむり
9	【人】	人		ひと
		亻		にんべん
9	【人】	𠆢		ひとやね
10	【入】	入		いる
11	【儿】	儿		ひとあし にんにょう
12	【八】	八		はち
		八		は
13	【冂】	冂		どうがまえ けいがまえ まきがまえ
14	【冖】	冖		わかんむり
15	【冫】	冫		にすい
16	【几】	几		つくえ
17	【凵】	凵		うけばこ
18	【刀】	刀		かたな
		刂		りっとう
19	【力】	力		ちから
20	【勹】	勹		つつみがまえ
21	【匕】	匕		ひ
22	【匚】	匚		はこがまえ
23	【匸】	匸		かくしがまえ
24	【十】	十		じゅう
25	【卜】	卜		と うらない
26	【卩】	卩		わりふ ふしづくり
		㔾		わりふ ふしづくり
27	【厂】	厂		がんだれ
28	【厶】	厶		む
29	【又】	又		また
三画				
30	【口】	口		くち
		口		くちへん
31	【囗】	囗		くにがまえ
32	【土】	土		つち
		土		つちへん
33	【士】	士		さむらい
34	【夂】	夂		すいにょう ふゆがしら
35	【夕】	夕		た ゆうべ
36	【大】	大		だい
37	【女】	女		おんな
		女		おんなへん
38	【子】	子		こ
		子		こへん
39	【宀】	宀		うかんむり
40	【寸】	寸		すん
41	【小】	小		しょう
		⺌		しょう
42	【尢】	尢		だいのまげあし
43	【尸】	尸		かばね しかばね
44	【屮】	屮		てつ
45	【山】	山		やま
		山		やまへん
46	【川】	川		かわ
		巛		かわ
47	【工】	工		え たくみ
		工		たくみへん
48	【己】	己		おのれ
49	【巾】	巾		はば
		巾		はばへん きんべん
50	【干】	干		かん いちじゅう
51	【幺】	幺		よう いとがしら

52	【广】	广	まだれ
53	【廴】	廴	えんにょう
54	【廾】	廾	こまぬき にじゅうあし
55	【弋】	弋	しきがまえ
56	【弓】	弓	ゆみ
		弓	ゆみへん
57	【彐】	彑	けいがしら
58	【彡】	彡	さんづくり
59	【彳】	彳	ぎょうにんべん
60	【⺍】	⺍	つかんむり

忄→心　扌→手
氵→水　犭→犬
艹→艸　辶→辵
阝(右)→邑　阝(左)→阜

四画

61	【心】	心	こころ
		忄	りっしんべん
		⺗	したごころ
62	【戈】	戈	ほこづくり ほこがまえ
63	【戸】	戸	と
		戸	とだれ とかんむり
64	【手】	手	て
		扌	てへん
65	【支】	支	し
66	【攴】	攵	のぶん ぼくづくり
67	【文】	文	ぶん
68	【斗】	斗	とます
69	【斤】	斤	きん
		斤	おのづくり
70	【方】	方	ほう
		方	ほうへん かたへん
71	【日】	日	ひ
		日	ひへん
72	【曰】	曰	ひらび いわく
73	【月】	月	つき
		月	つきへん
74	【木】	木	き
		木	きへん
75	【欠】	欠	あくび かける
76	【止】	止	とめる
77	【歹】	歹	かばねへん いちたへん がつへん
78	【殳】	殳	るまた ほこづくり
79	【毋】	毋	なかれ
80	【比】	比	ならびひ くらべる
81	【毛】	毛	け
82	【氏】	氏	うじ
83	【气】	气	きがまえ
84	【水】	水	みず
		氵	さんずい
		氺	したみず
85	【火】	火	ひ
		火	ひへん
		灬	れんが れっか
86	【爪】	爪	つめ
		爫	つめかんむり つめがしら
87	【父】	父	ちち
88	【片】	片	かた
		片	かたへん
89	【牙】	牙	きば
90	【牛】	牛	うし
		牛	うしへん
91	【犬】	犬	いぬ
		犭	けものへん

王・⺩→玉　ネ→示
耂→老　辶→辵

五画

92	【玄】	玄	げん
93	【玉】	玉	たま
		王	おう
		⺩	おうへん たまへん
94	【瓦】	瓦	かわら
95	【甘】	甘	かん あまい
96	【生】	生	うまれる
97	【用】	用	もちいる
98	【田】	田	た
		田	たへん
99	【疋】	疋	ひき
		𤴔	ひきへん
100	【疒】	疒	やまいだれ
101	【癶】	癶	はつがしら
102	【白】	白	しろ
103	【皮】	皮	けがわ
104	【皿】	皿	さら
105	【目】	目	め
		目	めへん
106	【矛】	矛	ほこ

107	【矢】	矢	や
		矢	やへん
108	【旡】	旡	なし ぶ すでのつくり
109	【石】	石	いし
		石	いしへん
110	【示】	示	しめす
		礻	しめすへん
111	【禾】	禾	のぎ
		禾	のぎへん
112	【穴】	穴	あな
		穴	あなかんむり
113	【立】	立	たつ
		立	たつへん

氺→水　罒→网
衤→衣

六画

114	【竹】	竹	たけ
		⺮	たけかんむり
115	【米】	米	こめ
		米	こめへん
116	【糸】	糸	いと
		糸	いとへん
117	【缶】	缶	ほとぎ
118	【网】	罒	あみがしら あみめ よこめ
119	【羊】	羊	ひつじ
120	【羽】	羽	はね
121	【老】	耂	おいかんむり おいがしら
122	【而】	而	しかして しこうして
123	【耒】	耒	すきへん らいすき
124	【耳】	耳	みみ
		耳	みみへん
125	【聿】	聿	ふでづくり
126	【肉】	肉	にく
		月	にくづき
127	【自】	自	みずから
128	【至】	至	いたる
129	【臼】	臼	うす
130	【舌】	舌	した
131	【舟】	舟	ふね
		舟	ふねへん
132	【艮】	艮	ねづくり こんづくり
133	【色】	色	いろ
134	【艸】	艹	くさかんむり
135	【虍】	虍	とらがしら とらかんむり
136	【虫】	虫	むし
		虫	むしへん
137	【血】	血	ち
138	【行】	行	ぎょう
		行	ぎょうがまえ ゆきがまえ
139	【衣】	衣	ころも
		衤	ころもへん
140	【襾】	西	にし
		覀	おおいかんむり

七画

141	【見】	見	みる
142	【臣】	臣	しん
143	【角】	角	かく つの
		角	つのへん
144	【言】	言	げん
		言	ごんべん
145	【谷】	谷	たに
146	【豆】	豆	まめ
147	【豕】	豕	ぶた いのこ
148	【豸】	豸	むじなへん
149	【貝】	貝	かい こがい
		貝	かいへん
150	【赤】	赤	あか
151	【走】	走	はしる
		走	そうにょう
152	【足】	足	あし
		𧾷	あしへん
153	【身】	身	み
154	【車】	車	くるま
		車	くるまへん
155	【辛】	辛	からい
156	【辰】	辰	しんのたつ
157	【辵】	辶	しんにょう しんにゅう
		⻌	しんにょう しんにゅう
158	【邑】	阝	おおざと
159	【酉】	酉	ひよみのとり
		酉	とりへん
160	【釆】	釆	のごめ
		釆	のごめへん
161	【里】	里	さと
		里	さとへん

※注「⻌」については「遡・遜」のみに適用。

番号	部首	形	名称
162	【舛】	舛	まいあし
163	【麦】	麦	むぎ
		麦	ばくにょう
八画			
164	【金】	金	かね
		釒	かねへん
165	【長】	長	ながい
166	【門】	門	もん
		門	もんがまえ
167	【阜】	阜	おか
		阝	こざとへん
168	【隶】	隶	れいづくり
169	【隹】	隹	ふるとり
170	【雨】	雨	あめ
		⻗	あめかんむり
171	【青】	青	あお
172	【非】	非	ひ あらず
173	【斉】	斉	せい
		飠↓食	
九画			
174	【面】	面	めん
175	【革】	革	かくのかわ つくりがわ
		革	かわへん
176	【音】	音	おと
177	【頁】	頁	おおがい
178	【風】	風	かぜ
179	【飛】	飛	とぶ
180	【食】	食	しょく
		𩙿	しょくへん
		飠	しょくへん
181	【首】	首	くび
182	【香】	香	か かおり
十画			
183	【馬】	馬	うま
183	【馬】	馬	うまへん
184	【骨】	骨	ほね
		骨	ほねへん
185	【高】	高	たかい
186	【髟】	髟	かみがしら
187	【鬯】	鬯	ちょう
188	【鬼】	鬼	おに
		鬼	きにょう
189	【韋】	韋	なめしがわ
190	【竜】	竜	りゅう
十一画			
191	【魚】	魚	うお
		魚	うおへん
192	【鳥】	鳥	とり
193	【鹿】	鹿	しか
194	【麻】	麻	あさ
195	【黄】	黄	き
196	【黒】	黒	くろ
197	【亀】	亀	かめ
十二画			
198	【歯】	歯	は
		歯	はへん
十三画			
199	【鼓】	鼓	つづみ
十四画			
200	【鼻】	鼻	はな

※注「飠」については「餌・餅」のみに適用。

●「漢検」受検の際の注意点

【字の書き方】

問題の答えは楷書《かいしょ》で大きくはっきり書きなさい。乱雑な字や続け字、また、行書体や草書体のようにくずした字は採点の対象とはしません。

特に漢字の書き取り問題では、答えの文字は教科書体をもとにして、はねるところ、とめるところなどもはっきり書きましょう。また、画数に注意して、一画一画を正しく、明確に書きなさい。

《例》

○熱　×熱　○言　×言　○糸　×糸

【字種・字体について】

(1)日本漢字能力検定2～10級においては、「常用漢字表」に示された字種で書きなさい。つまり、表外漢字（常用漢字表にない漢字）を用いると、正答とは認められません。

《例》

○交差点　×交叉点（「叉」が表外漢字）

○寂しい　×淋しい（「淋」が表外漢字）

(2)日本漢字能力検定2～10級においては、「常用漢字表」に示された字体で書きなさい。なお、「常用漢字表」に参考として示されている康熙《こうき》字典体など、旧字体と呼ばれているものを用いると、正答とは認められません。

《例》

○真　×眞　○渉　×涉　○飲　×飮

○迫　×迫　○弱　×弱

(3)一部例外として、平成22年告示「常用漢字表」で追加された字種で、許容字体として認められているものや、その筆写文字と印刷文字との差が習慣の相違に基づくとみなせるものは正答と認めます。

《例》

餌→餌　と書いても可　　遜→遜　と書いても可

葛→葛　と書いても可　　溺→溺　と書いても可

箸→箸　と書いても可

注意

(3)において、どの漢字が当てはまるかなど、一字一字については、当協会発行図書（2級対応のもの）掲載の漢字表で確認してください。

3級 漢字表

「漢検」3級配当漢字285字

覚えておきたい熟語の読み方や部首が、赤色になっています。
付録の赤シートを本の上に重ねて覚えましょう。
※漢字表の詳しい見方は、「本書の特長と使い方」(前から開いて3ページ目)をご覧ください。

※学習指導要領の改訂に伴い、2020年度より出題対象漢字に一部変更があります。本書は変更前の配当漢字による内容を収録しております。詳細は漢検ホームページをご確認ください。

(　)の中の数字は後ろから開いた場合のページ数を表しています。

哀

口（くち） 9画

音 アイ
訓 あわ(れ)　あわ(れむ)

意味 かわいそうに思う・かなしい・あわれむ
語句 哀願《あいがん》・哀愁《あいしゅう》・哀惜《あいせき》・哀悼《あいとう》・悲哀《ひあい》
用例 救命を**哀願**する。**哀愁**を誘う。友の死を**哀惜**する。**哀悼**の意を表する。

慰

心（こころ） 15画

音 イ
訓 なぐさ(める)　なぐさ(む)

意味 いたわる・なぐさめる
語句 慰安《いあん》・慰問《いもん》・慰留《いりゅう》・慰労《いろう》・弔慰《ちょうい》
用例 社員の**慰安**旅行。福祉施設を**慰問**する。辞職を**慰留**する。**慰労**会を催す。

5　8　11　13　15

詠

言（ごんべん） 12画

音 エイ
訓 よ(む)㊫

意味 詩歌《しいか》をよむ・うたう・詩歌を作る
語句 詠嘆《えいたん》・吟詠《ぎんえい》・題詠《だいえい》・朗詠《ろうえい》
用例 **詠嘆**の助詞。詩を**吟詠**する。句会で**題詠**する。和歌を**朗詠**する。

2　4
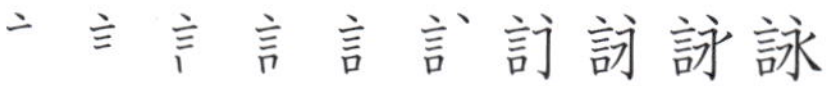

悦

忄（りっしんべん） 10画

音 エツ
訓 ――

意味 よろこぶ・たのしむ・したう
語句 悦楽《えつらく》・喜悦《きえつ》・法悦《ほうえつ》・満悦《まんえつ》・愉悦《ゆえつ》
用例 **悦楽**に浸る。**喜悦**の念を表す。山海の珍味に**満悦**する。**愉悦**を味わう。

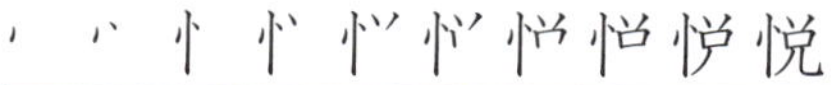

閲

門（もんがまえ） 15画

音 エツ
訓 ――

意味 注意深く調べる・年月がたつ
語句 閲兵《えっぺい》・閲覧《えつらん》・閲歴《えつれき》・検閲《けんえつ》・校閲《こうえつ》
用例 資料を**閲覧**する。厳しい**検閲**を受ける。原稿を**校閲**する。

4　8　10　13

炎

火 ひ　8画

音 エン
訓 ほのお

意味 燃える・熱気が激しい・熱のある病気

語句 炎暑《えんしょ》・炎上《えんじょう》・炎天《えんてん》・気炎《きえん》・肺炎《はいえん》

用例 ビルが炎上する。炎天下の熱戦。気炎を上げる。肺炎を併発《へいはつ》する。

宴

宀 うかんむり　10画

音 エン
訓 ——

意味 さかもり・たのしみ・くつろぐ

語句 宴会《えんかい》・宴席《えんせき》・酒宴《しゅえん》・祝宴《しゅくえん》・披露宴《ひろうえん》

用例 宴会を催す。宴席を設ける。結婚の祝宴を開く。披露宴に招待される。

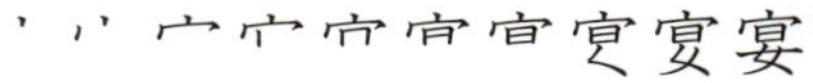

欧

欠 あくび・かける　8画

音 オウ
訓 ——

意味 ヨーロッパ

語句 欧州《おうしゅう》・欧米《おうべい》・西欧《せいおう》・渡欧《とおう》・北欧《ほくおう》

用例 欧州の国々を歴訪する。欧米各国を旅行する。北欧の国ノルウェー。

殴

殳 るまた・ほこづくり　8画

音 オウ高
訓 なぐ(る)

意味 なぐる・たたく

語句 殴殺《おうさつ》・殴打《おうだ》・殴《なぐ》り書《が》き・横殴《よこなぐ》り

用例 頭を殴打される。殴り書きでメモをする。横殴りの雨が降る。

乙

乙 おつ　1画

音 オツ
訓 ——

意味 十干《じっかん》の第二・少しかわっている

語句 甲乙《こうおつ》・乙女《おとめ》・乙《おつ》な味《あじ》・乙《おつ》に澄《す》ます

用例 甲乙を付け難《がた》い。美しい乙女の髪。乙な味の料理。乙に澄ました顔。

卸

部首：卩（わりふ・ふしづくり）　9画

音 ——
訓 おろ(す)　おろし

意味 おろす・おろし

語句 卸商《おろししょう》・卸問屋《おろしどんや》・卸値《おろしね》

用例 **卸商**を営む。**卸問屋**から商品を仕入れる。**卸値**で買う。

穏

部首：禾（のぎへん）　16画

音 オン
訓 おだ(やか)

意味 やすらか・おだやか・はげしくない

語句 穏健《おんけん》・穏便《おんびん》・穏和《おんわ》・不穏《ふおん》・平穏《へいおん》

用例 **穏健**な考えの持ち主だ。事件を**穏便**に解決する。**平穏**無事を祈る。

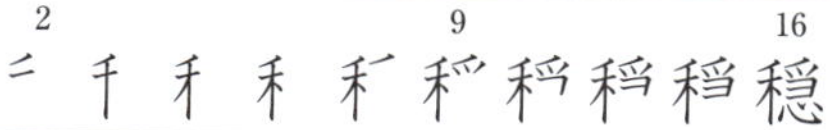

佳

部首：亻（にんべん）　8画

音 カ
訓 ——

意味 すぐれている・美しい・めでたい

語句 佳境《かきょう》・佳作《かさく》・佳日《かじつ》・佳人《かじん》・絶佳《ぜっか》

用例 物語が**佳境**に入る。**佳作**に選ばれる。才子**佳人**が集まる。風光**絶佳**の地。

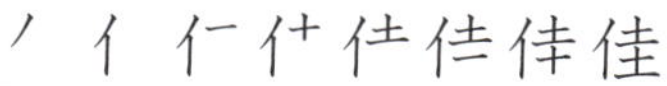

架

部首：木（き）　9画

音 カ
訓 か(ける)　か(かる)

意味 物をのせる台や棚《たな》・空中にかけわたす

語句 架橋《かきょう》・架空《かくう》・架設《かせつ》・書架《しょか》・担架《たんか》

用例 **架橋**工事を進める。**架空**の人物。電線を**架設**する。病人を**担架**で運ぶ。

華

部首：艹（くさかんむり）　10画

音 カ　ケ(高)
訓 はな

意味 はな・はなやか・中国のこと

語句 華道《かどう》・華美《かび》・栄華《えいが》・豪華《ごうか》・繁華《はんか》

用例 **華道**を習う。**華美**な服装。**栄華**を極める。**豪華**な生活。**繁華**な都市。

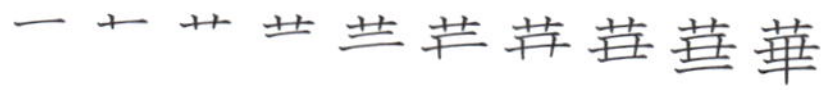

嫁

女 おんなへん 13画

音 カ㊕
訓 よめ／とつ(ぐ)

意味 とつぐ・他になすりつける
語句 再嫁《さいか》・転嫁《てんか》・嫁入《よめい》り・兄嫁《あによめ》・花嫁《はなよめ》
用例 責任を**転嫁**する。旧家に**嫁入り**する。**兄嫁**は教師だ。三国一の**花嫁**。

餓

食 しょくへん 15画

音 ガ
訓 ——

意味 うえる・ひもじい思い
語句 餓鬼《がき》・餓死《がし》・飢餓《きが》
用例 **餓鬼**大将の言いなりになる。食糧不足で**餓死**する。**飢餓**に苦しむ。

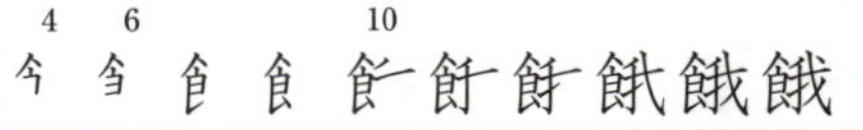

怪

忄 りっしんべん 8画

音 カイ
訓 あや(しい)／あや(しむ)

意味 おかしいと思う・普通でない
語句 怪奇《かいき》・怪談《かいだん》・怪物《かいぶつ》・怪力《かいりき》・奇怪《きかい》
用例 複雑**怪奇**な事件。**怪談**を聞く。**怪力**無双の勇士。**奇怪**な振る舞い。

悔

忄 りっしんべん 9画

音 カイ
訓 く(いる)／く(やむ)／くや(しい)

意味 残念に思う・人の死をとむらう
語句 悔悟《かいご》・悔恨《かいこん》・悔心《かいしん》・後悔《こうかい》・悔《く》やみ状《じょう》
用例 罪を**悔悟**する。**悔恨**の涙を流す。**後悔**先に立たず。**悔やみ状**を届ける。

塊

土 つちへん 13画

音 カイ
訓 かたまり

意味 つちくれ・かたまり
語句 塊状《かいじょう》・金塊《きんかい》・山塊《さんかい》・団塊《だんかい》・土塊《どかい》
用例 **塊状**の粘土をほぐす。**金塊**に目がくらむ。**団塊**の世代。**土塊**をくだく。

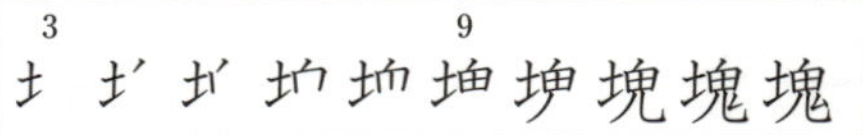

慨
忄 りっしんべん 13画

音 ガイ
訓 ——

意味 いきどおる・なげく・かなしみいたむ
語句 慨然《がいぜん》・慨嘆《がいたん》・感慨《かんがい》・憤慨《ふんがい》
用例 **慨然**として落涙する。**慨嘆**にたえない世の中。**感慨**にふける。

該
言 ごんべん 13画

音 ガイ
訓 ——

意味 かねる・あまねく・あてはまる
語句 該当《がいとう》・該博《がいはく》・当該《とうがい》
用例 **該当**する項目に記入する。**該博**な知識。**当該**官庁に申し出る。

概
木 きへん 14画

音 ガイ
訓 ——

意味 おおよそ・あらまし・おもむき
語句 概況《がいきょう》・概算《がいさん》・概念《がいねん》・気概《き がい》・大概《たいがい》
用例 天気**概況**を伝える。経費の**概算**を出す。民主主義の**概念**。**気概**のある人。

郭
阝 おおざと 11画

音 カク
訓 ——

意味 物の外まわり・広々とした様子
語句 郭外《かくがい》・外郭《がいかく》・城郭《じょうかく》・輪郭《りんかく》
用例 **郭外**に出る。組織の**外郭**団体。**城郭**を構える。顔の**輪郭**を描く。

隔
阝 こざとへん 13画

音 カク
訓 へだ(てる)
へだ(たる)

意味 はなれる・へだたり・へだてる
語句 隔世《かくせい》・隔絶《かくぜつ》・隔離《かく り》・遠隔《えんかく》・間隔《かんかく》
用例 **隔世**の感がある。都会から**隔絶**した山里。病人を**隔離**する。**間隔**をとる。

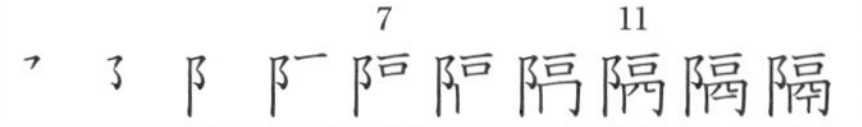

穫

禾 のぎへん 18画

音 カク

訓 ——

意味 とりいれる・かりいれる

語句 収穫《しゅうかく》

用例 毎年，秋の収穫を祝う祭りが盛大に行われる。

岳

山 やま 8画

音 ガク

訓 たけ

意味 高くて大きな山・いかめしい

語句 岳父《がくふ》・巨岳《きょがく》・山岳《さんがく》・富岳《ふがく》

用例 岳父が他界した。山岳地帯に雪が降る。富士山のことを富岳ともよぶ。

掛

扌 てへん 11画

音 ——

訓 か(ける) か(かる) かかり

意味 かける・かかり・かけ売り

語句 掛《か》け売《う》り・掛《か》け金《きん》・掛《か》け声《ごえ》・仕《し》掛《か》け

用例 掛け売りお断り。保険の掛け金。種も仕掛けもない。

滑

氵 さんずい 13画

音 カツ コツ

訓 すべ(る) なめ(らか)

意味 すべる・なめらか・物事がうまくいく

語句 滑降《かっこう》・滑車《かっしゃ》・滑走《かっそう》・滑稽《こっけい》・円滑《えんかつ》

用例 滑車を使う。氷上を滑走する。会議が円滑に進む。

肝

月 にくづき 7画

音 カン

訓 きも

意味 きも・一番だいじなところ

語句 肝心《かんじん》・肝臓《かんぞう》・肝胆《かんたん》・肝要《かんよう》・肝《きも》っ玉《たま》

用例 用心が肝心だ。肝臓病にかかる。肝胆相照らす仲。病後の養生が肝要だ。

冠

冖 わかんむり 9画

音 カン
訓 かんむり

意味 かんむり・人の頭《かしら》に立つ・かぶさる
語句 冠位《かんい》・冠水《かんすい》・栄冠《えいかん》・王冠《おうかん》・弱冠《じゃっかん》
用例 田畑が**冠水**する。**栄冠**に輝く。頭上に**王冠**を頂く。**弱冠**二十歳で成功する。

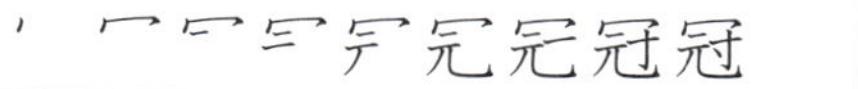

勘

力 ちから 11画

音 カン
訓 ——

意味 よく考える・罪人を調べる・第六感
語句 勘案《かんあん》・勘定《かんじょう》・勘当《かんどう》・勘所《かんどころ》・勘弁《かんべん》
用例 事情を**勘案**する。先に**勘定**を済ます。**勘所**を心得ている。

貫

貝 かい・こがい 11画

音 カン
訓 つらぬ(く)

意味 つらぬく・昔の金銭や重さの単位
語句 貫通《かんつう》・貫流《かんりゅう》・尺貫法《しゃっかんほう》・縦貫《じゅうかん》・突貫《とっかん》
用例 トンネルが**貫通**する。平野を**貫流**する川。**突貫**工事でビルを建てる。

喚

口 くちへん 12画

音 カン
訓 ——

意味 大声でよぶ・さけぶ・まねく
語句 喚起《かんき》・喚呼《かんこ》・喚声《かんせい》・喚問《かんもん》・召喚《しょうかん》
用例 注意を**喚起**する。**喚声**を上げる。証人を**喚問**する。参考人を**召喚**する。

換

扌 てへん 12画

音 カン
訓 か(える)
か(わる)

意味 とりかえる・かわる・あらためる
語句 換気《かんき》・換金《かんきん》・換言《かんげん》・交換《こうかん》・変換《へんかん》
用例 部屋を**換気**する。易しい表現に**換言**する。名刺の**交換**。漢字に**変換**する。

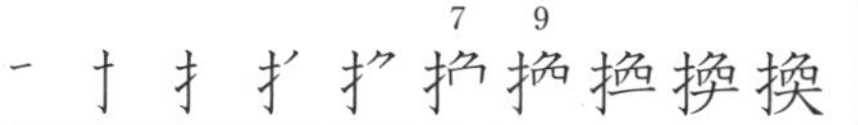

敢

攵 のぶん・ぼくづくり 12画

音 カン

訓 ――

意味 あえてする・いさましい

語句 敢行《かんこう》・敢然《かんぜん》・敢闘《かんとう》・果敢《かかん》・勇敢《ゆうかん》

用例 ストライキを**敢行**する。**敢然**と立ち向かう。**果敢**に攻める。**勇敢**な行動。

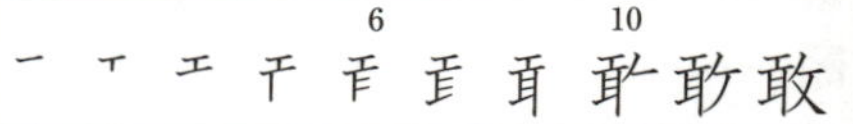

緩

糸 いとへん 15画

音 カン

訓 ゆる(い)
ゆる(やか)
ゆる(む)
ゆる(める)

意味 ゆるやか・のろい・ゆるめる

語句 緩急《かんきゅう》・緩行《かんこう》・緩衝地帯《かんしょうちたい》・緩慢《かんまん》・緩和《かんわ》

用例 **緩急**の差をつける。**緩衝地帯**を設ける。**緩慢**なリズム。規制を**緩和**する。

企

人 ひとやね 6画

音 キ

訓 くわだ(てる)

意味 くわだてる・計画する

語句 企画《きかく》・企業《きぎょう》・企図《きと》

用例 新商品を**企画**する。**企業**の合理化を図る。新分野への進出を**企図**する。

岐

山 やまへん 7画

音 キ

訓 ――

意味 ふたまたに分かれる・枝分かれした道

語句 岐路《きろ》・多岐《たき》・分岐《ぶんき》・岐阜県《ぎふけん》

用例 人生の**岐路**に立つ。問題が**多岐**にわたる。線路が**分岐**する。

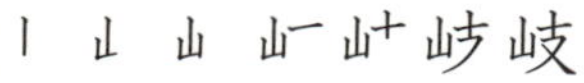

忌

心 こころ 7画

音 キ

訓 い(む)㊫
い(まわしい)㊫

意味 さける・はばかる・命日

語句 忌中《きちゅう》・※忌日《きにち》・忌避《きひ》・回忌《かいき》・禁忌《きんき》

用例 **忌中**に**禁忌**を守って慎ましく生活する。嫌《いや》なことを**忌避**する。

※「きじつ」とも読む。

軌
車（くるまへん） 9画

音 キ
訓 ——

意味 わだち・手本

語句 軌跡《きせき》・軌道《きどう》・軌範《きはん》・広軌《こうき》・常軌《じょうき》

用例 **軌跡**をたどる。**軌道**修正する。**広軌**のレール幅。**常軌**を逸《いっ》する。

一 丆 冂 戸 百 亘 車 軋 軌

既
旡（なし・ぶ・すでのつくり） 10画

音 キ
訓 すで(に)

意味 すでに・もはや・なくなる・つきる

語句 既刊《きかん》・既婚《きこん》・既成《きせい》・既製《きせい》・※既存《きそん》

用例 **既刊**の雑誌。**既成**概念を破る。**既製**服を買う。**既存**の施設を活用する。

㇕ ㇋ ヨ 艮 艮 既 既 既 既 既

棋
木（きへん） 12画

音 キ
訓 ——

意味 将棋・碁《ご》・すごろくのこま

語句 棋界《きかい》・棋士《きし》・棋譜《きふ》・棋風《きふう》・将棋《しょうぎ》

用例 **棋界**の逸材《いつざい》。**棋士**を目指す。**棋譜**を取る。豪放な**棋風**。**将棋**を指す。

一 十 4木 木 杆 村 9柑 棋 棋 棋

棄
木（き） 13画

音 キ
訓 ——

意味 すてる・しりぞける

語句 棄却《ききゃく》・棄権《きけん》・遺棄《いき》・破棄《はき》・放棄《ほうき》

用例 上告を**棄却**する。投票を**棄権**する。権利を**放棄**する。

2亠 亡 云 去 奋 8奋 奋 棄 棄 13棄

騎
馬（うまへん） 18画

音 キ
訓 ——

意味 馬に乗る・馬に乗った兵士

語句 騎士《きし》・騎手《きしゅ》・騎乗《きじょう》・騎馬《きば》・騎兵《きへい》

用例 **騎士**道を貫く。**騎手**が落馬する。**騎乗**訓練をする。**騎兵**隊を派遣する。

丨 厂 π 5ff 馬 10馬 13騎 騎 17騎 騎

※「きぞん」とも読む。

欺

欠（あくび・かける） 12画

音 ギ
訓 あざむ（く）

意味 あざむく・だます
語句 詐欺《さぎ》
用例 詐欺に遭って金をだまし取られる。

犠

牛（うしへん） 17画

音 ギ
訓 ──

意味 神に供える動物・いけにえ
語句 犠牲《ぎせい》・犠打《ぎだ》
用例 自分を**犠牲**にして他人に尽くす。**犠打**の成功でランナーが塁《るい》を進めた。

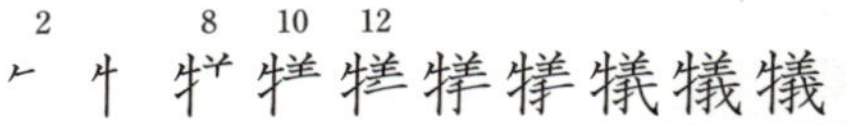

菊

艹（くさかんむり） 11画

音 キク
訓 ──

意味 きく・キク科の多年草
語句 菊人形《きくにんぎょう》・残菊《ざんぎく》・白菊《しらぎく》・野菊《のぎく》
用例 **菊人形**を見に行く。**残菊**が晩秋を彩《いろど》る。**白菊**の一輪《いちりん》挿《さ》し。**野菊**が咲く。

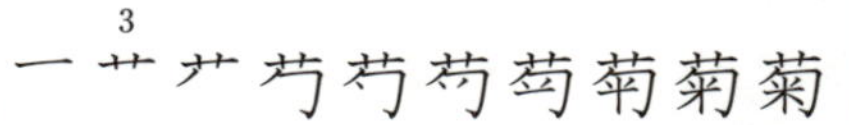

吉

口（くち） 6画

音 キチ・キツ
訓 ──

意味 よい・めでたい・さいわい
語句 ※1吉事《きちじ》・※2吉日《きちじつ》・吉凶《きっきょう》・吉報《きっぽう》・大吉《だいきち》
用例 **吉事**を祝う。**吉日**を選ぶ。**吉凶**を占う。**吉報**を待つ。**大吉**のおみくじ。

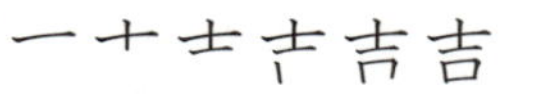

喫

口（くちへん） 12画

音 キツ
訓 ──

意味 たべる・のむ・すう
語句 喫煙《きつえん》・喫茶《きっさ》・喫水《きっすい》・満喫《まんきつ》
用例 **喫煙**場所を設ける。**喫茶**店で待つ。船の**喫水**線。中国料理を**満喫**する。

※1「きつじ」とも読む。
※2「きちにち・きつじつ」とも読む。

虐

部首：虍（とらがしら・とらかんむり）　9画

音 ギャク
訓 しいた(げる)㊙高

意味 むごく扱う・しいたげる・そこなう
語句 虐殺《ぎゃくさつ》・虐待《ぎゃくたい》・残虐《ざんぎゃく》・自虐《じぎゃく》・暴虐《ぼうぎゃく》
用例 多数**虐殺**された。**虐待**を防止する。**残虐**な行為。**暴虐**の限りを尽くす。

虚

部首：虍（とらがしら・とらかんむり）　11画

音 キョ
コ㊙高
訓 ―

意味 むなしい・うわべだけの・すなお
語句 虚栄《きょえい》・虚弱《きょじゃく》・虚勢《きょせい》・虚空《こくう》・空虚《くうきょ》
用例 **虚栄**心が強い。**虚弱**体質を治す。**虚勢**を張る。**虚空**をつかむ。**空虚**な心。

峡

部首：山（やまへん）　9画

音 キョウ
訓 ―

意味 はざま・たにあい・細長くせまい所
語句 峡谷《きょうこく》・峡湾《きょうわん》・海峡《かいきょう》・山峡《さんきょう》・地峡《ちきょう》
用例 **峡谷**が美しい。見事な**峡湾**の絶壁。**海峡**を渡る。**山峡**の宿に泊まる。

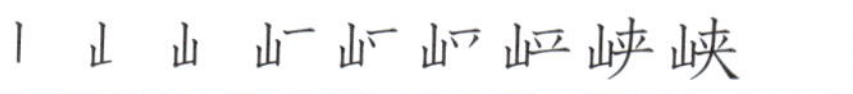

脅

部首：肉（にく）　10画

音 キョウ
訓 おびや(かす)㊙高
おど(す)
おど(かす)

意味 こわがらせる
語句 脅威《きょうい》・脅嚇《きょうかく》・脅迫《きょうはく》・脅《おど》し文句《もんく》
用例 侵略の**脅威**を感じる。敵を目で**脅嚇**する。刃物《はもの》で**脅迫**して金を奪う。

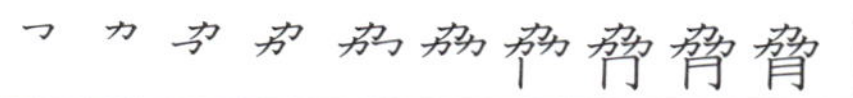

凝

部首：冫（にすい）　16画

音 ギョウ
訓 こ(る)
こ(らす)

意味 かたまる・心を一つにする
語句 凝血《ぎょうけつ》・凝固《ぎょうこ》・凝視《ぎょうし》・凝縮《ぎょうしゅく》・凝《こ》り性《しょう》
用例 水が**凝固**する。じっと一点を**凝視**する。**凝縮**した内容。**凝り性**な人。

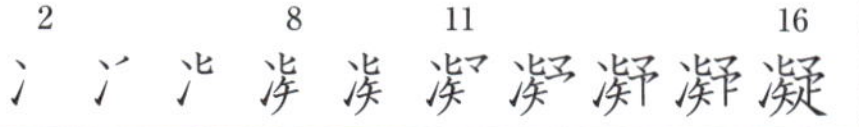

斤

斤《きん》 4画

音 キン
訓 ―

意味 尺貫法の重さの単位・まさかり・おの
語句 斤目《きんめ》・斤量《きんりょう》・一斤《いっきん》
用例 斤目をしっかり量る。食パンを一斤買う。

緊

糸《いと》 15画

音 キン
訓 ―

意味 固くしめる・さしせまる・きびしい
語句 緊急《きんきゅう》・緊縮《きんしゅく》・緊張《きんちょう》・緊迫《きんぱく》・緊密《きんみつ》
用例 緊急の課題。緊縮財政を敷く。緊張の緩和。緊迫した戦況。緊密な関係。

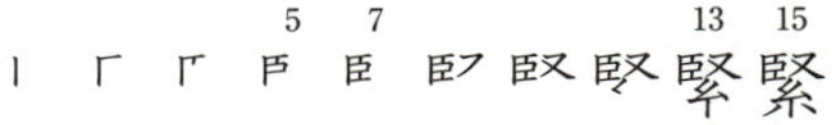

愚

心《こころ》 13画

音 グ
訓 おろ(か)

意味 ばかなこと・へりくだる意味を表す
語句 愚見《ぐけん》・愚行《ぐこう》・愚鈍《ぐどん》・愚問《ぐもん》・暗愚《あんぐ》
用例 愚行を繰り返す。愚鈍なたちだ。愚問を発する。暗愚な君主。

偶

亻《にんべん》 11画

音 グウ
訓 ―

意味 たまたま・人形・二で割り切れる数
語句 偶数《ぐうすう》・偶然《ぐうぜん》・偶像《ぐうぞう》・偶発《ぐうはつ》・土偶《どぐう》
用例 偶数と奇数。偶然旧友に会う。偶発的な事故だ。土偶を発掘する。

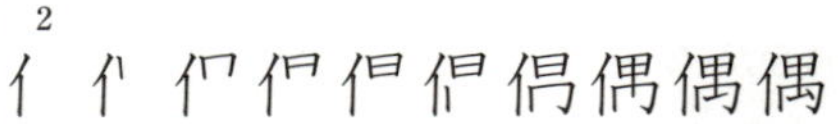

遇

辶《しんにょう・しんにゅう》 12画

音 グウ
訓 ―

意味 でくわす・もてなす・めぐりあわせ
語句 境遇《きょうぐう》・遭遇《そうぐう》・待遇《たいぐう》・優遇《ゆうぐう》・冷遇《れいぐう》
用例 恵まれた境遇。事故に遭遇する。待遇のよい会社。経験者を優遇する。

刑

刂《りっとう》 6画

音 ケイ
訓 ──

意味 おきて・法律・罰する

語句 刑罰《けいばつ》・刑法《けいほう》・求刑《きゅうけい》・終身刑《しゅうしんけい》・処刑《しょけい》

用例 **刑罰**を与える。**刑法**に違反する。**終身刑**を受ける。重罪で**処刑**される。

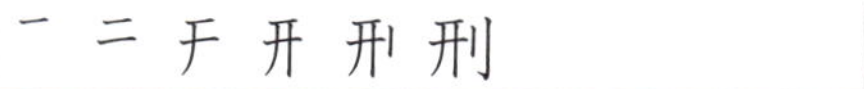

契

大《だい》 9画

音 ケイ
訓 ちぎ(る)㊥

意味 約束を結ぶ・割り印

語句 契印《けいいん》・契機《けいき》・契約《けいやく》・書契《しょけい》・黙契《もっけい》

用例 **契印**を押す。就職を**契機**に親元を離れる。**契約**を結ぶ。**黙契**が成立する。

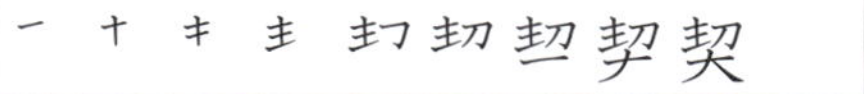

啓

口《くち》 11画

音 ケイ
訓 ──

意味 教えみちびく・申し上げる・ひらく

語句 啓示《けいじ》・啓上《けいじょう》・啓発《けいはつ》・拝啓《はいけい》

用例 神の**啓示**。一筆**啓上**申し上げます。自己**啓発**を促す。

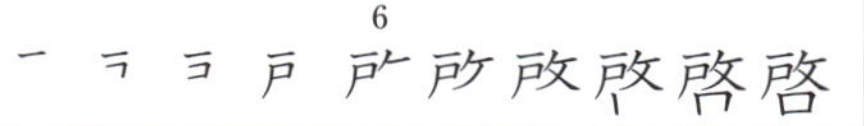

掲

扌《てへん》 11画

音 ケイ
訓 かか(げる)

意味 高くかかげる・からげる・になう

語句 掲載《けいさい》・掲示《けいじ》・掲揚《けいよう》・前掲《ぜんけい》

用例 雑誌に**掲載**する。**掲示**板を見る。国旗の**掲揚**。**前掲**の論文を参照する。

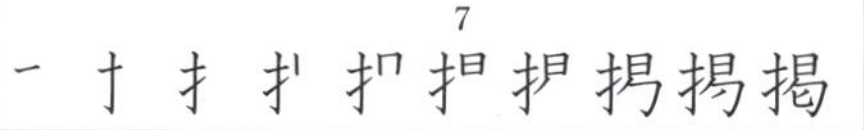

携

扌《てへん》 13画

音 ケイ
訓 たずさ(える)
たずさ(わる)

意味 手に持つ・手をつなぐ

語句 携行《けいこう》・携帯《けいたい》・提携《ていけい》・必携《ひっけい》・連携《れんけい》

用例 弁当を**携行**する。カメラを**携帯**する。技術**提携**する。受験生**必携**の書。

憩	心（こころ） 16画	音 ケイ 訓 いこ(い) いこ(う)㊁	意味 やすむ・いこう 語句 休憩《きゅうけい》・少《しょう》(小)憩《けい》 用例 五分間の休憩をとる。頂上で少憩をとる。
鶏	鳥（とり） 19画	音 ケイ 訓 にわとり	意味 にわとり 語句 鶏舎《けいしゃ》・鶏肉《けいにく》・鶏卵《けいらん》・闘鶏《とうけい》・養鶏《ようけい》 用例 鶏舎を清掃する。鶏肉と鶏卵をふんだんに使った料理。養鶏業を営む。
鯨	魚（うおへん） 19画	音 ゲイ 訓 くじら	意味 くじら・大きいもののたとえ 語句 鯨飲《げいいん》・鯨肉《げいにく》・鯨波《げいは》・捕鯨《ほげい》・鯨尺《くじらじゃく》 用例 鯨飲馬食する。敵の鯨波に驚く。捕鯨禁止運動が起こる。
倹	亻（にんべん） 10画	音 ケン 訓 ―	意味 つつましい・むだをはぶく・すくない 語句 倹素《けんそ》・倹徳《けんとく》・倹約《けんやく》・勤倹《きんけん》・節倹《せっけん》 用例 倹素な生活。出費を倹約する。勤倹貯蓄する。節倹家として知られる。
賢	貝（かい・こがい） 16画	音 ケン 訓 かしこ(い)	意味 かしこい・すぐれた人 語句 賢愚《けんぐ》・賢察《けんさつ》・賢者《けんじゃ》・賢明《けんめい》・先賢《せんけん》 用例 事情を賢察する。賢者も千慮の一失。賢明な判断。先賢が残した戒め。

幻	幺 よう・いとがしら 4画	意味 まぼろし・まどわす 語句 幻影《げんえい》・幻覚《げんかく》・幻想《げんそう》・幻滅《げんめつ》・変幻《へんげん》 用例 亡《な》き母の幻影。幻覚におそわれる。幻想的な音楽。変幻自在の忍者《にんじゃ》。
音 ゲン 訓 まぼろし		
孤	子 こへん 9画	意味 みなしご・ひとり 語句 孤軍《こぐん》・孤児《こじ》・孤島《ことう》・孤独《こどく》・孤立《こりつ》 用例 孤軍奮闘する。孤島に流れ着く。孤独な日々を送る。孤立無援になる。
音 コ 訓 ——		
弧	弓 ゆみへん 9画	意味 ゆみ・弓なりに曲がった形 語句 弧状《こじょう》・円弧《えんこ》・括弧《かっこ》 用例 弧状の半島。円弧の両端と円の中心を結ぶ。数式を括弧でくくる。
音 コ 訓 ——		
雇	隹 ふるとり 12画	意味 やとう 語句 雇員《こいん》・雇役《こえき》・雇用《こよう》・解雇《かいこ》・雇《やと》い主《ぬし》 用例 雇員に賃金を払う。雇用契約を結ぶ。従業員を解雇する。
音 コ 訓 やと(う)		
顧	頁 おおがい 21画	意味 ふり返ってみる・心にかける 語句 顧客《こきゃく》・顧問《こもん》・顧慮《こりょ》・一顧《いっこ》・回顧《かいこ》 用例 顧客リストを作る。顧問を務める。一顧だにしない。往時を回顧する。
音 コ 訓 かえり(みる)		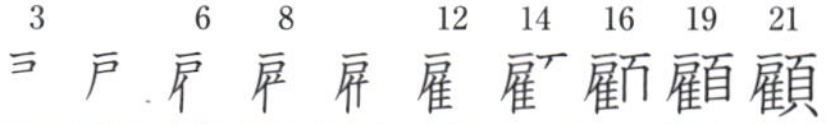

娯

女 おんなへん 10画

音 ゴ
訓 ――

意味 たのしむ・たのしみ
語句 娯遊《ごゆう》・娯楽《ごらく》
用例 **娯遊**にふける。**娯楽**に使うお金を節約する。

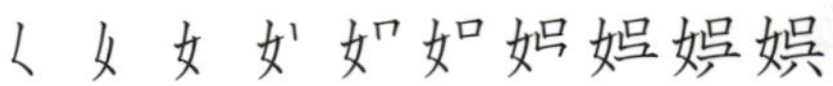

悟

忄 りっしんべん 10画

音 ゴ
訓 さと(る)

意味 はっきりと知る・さとる
語句 悟性《ごせい》・悟道《ごどう》・悟入《ごにゅう》・悔悟《かいご》・覚悟《かくご》
用例 **悟性**を育てる。**悟道**の境地に入る。罪を**悔悟**する。危険は**覚悟**の上だ。

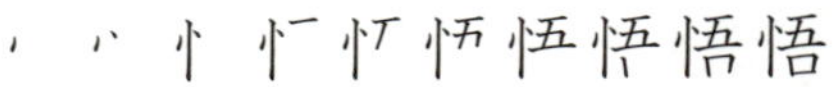

孔

子 こへん 4画

音 コウ
訓 ――

意味 あな・とおる・孔子のこと
語句 孔子《こうし》・眼孔《がんこう》・気孔《きこう》・鼻孔《びこう》・噴気孔《ふんきこう》
用例 **孔子**の教え。葉には**気孔**がある。**鼻孔**をくすぐる。

巧

工 たくみへん 5画

音 コウ
訓 たく(み)

意味 じょうずなこと
語句 巧言《こうげん》・巧者《こうしゃ》・巧妙《こうみょう》・技巧《ぎこう》・精巧《せいこう》
用例 **巧言**を用いる。**巧妙**な手口。**技巧**を凝らす。**精巧**な時計を作る。

甲

田 た 5画

音 コウ カン
訓 ――

意味 よろい・かたいから・一番目
語句 甲乙《こうおつ》・甲殻《こうかく》・甲虫《こうちゅう》・甲高《かんだか》い・※甲板《かんぱん》
用例 **甲乙**付け難《がた》い。カニは**甲殻**類だ。**甲高**い声で笑う。**甲板**で風にあたる。

※「こうはん」とも読む。

坑

土 つちへん 7画

音 コウ

訓 ——

意味 地下にほったあな

語句 坑道《こうどう》・坑内《こうない》・炭坑《たんこう》・入坑《にゅうこう》・廃坑《はいこう》

用例 **坑道**を掘る。**坑内**で火災が起こる。**炭坑**に入って作業する。

拘

扌 てへん 8画

音 コウ

訓 ——

意味 とらえる・こだわる・とどめる

語句 拘引《こういん》・拘禁《こうきん》・拘束《こうそく》・拘置《こうち》・拘留《こうりゅう》

用例 身柄を**拘禁**する。自由を**拘束**する。警察に**拘留**される。

郊

阝 おおざと 9画

音 コウ

訓 ——

意味 まちはずれ

語句 郊外《こうがい》・遠郊《えんこう》・近郊《きんこう》・春郊《しゅんこう》

用例 **郊外**に家を買う。**遠郊**より通勤する。**近郊**農業が盛んだ。**春郊**に遊ぶ。

控

扌 てへん 11画

音 コウ（高）

訓 ひか（える）

意味 ひかえる・さしひく・申し立てる

語句 控除《こうじょ》・控訴《こうそ》・控《ひか》え室《しつ》・控《ひか》え目《め》

用例 収入から**控除**する。**控訴**審の判決が出る。**控え室**で待つ。**控え目**な人。

慌

忄 りっしんべん 12画

音 コウ（高）

訓 あわ（てる）
あわ（ただしい）

意味 あわただしい・おそれる

語句 恐慌《きょうこう》・慌《あわ》て者《もの》・大慌《おおあわ》て

用例 **恐慌**を来す。**慌て者**はよく忘れ物をする。**大慌て**で部屋を片付ける。

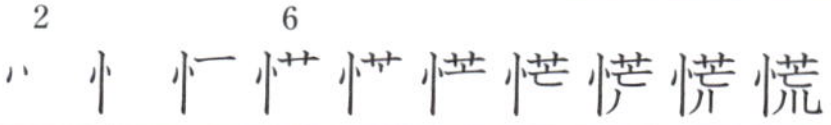

硬

部首：石（いしへん） 12画

音 コウ
訓 かた(い)

意味 かたい・ほぐれない・くじけない

語句 硬貨《こうか》・硬質《こうしつ》・硬直《こうちょく》・硬度《こうど》・強硬《きょうこう》

用例 **硬質**のガラス。手足が**硬直**する。材質の**硬度**を調べる。**強硬**に主張する。

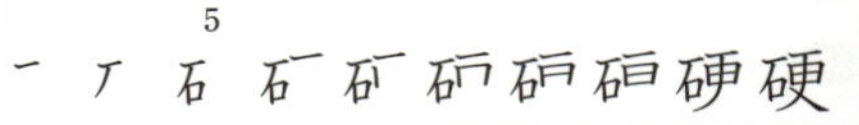

絞

部首：糸（いとへん） 12画

音 コウ(高)
訓 しぼ(る)
し(める)
し(まる)

意味 くびる・しめる・しぼる

語句 絞殺《こうさつ》・絞首刑《こうしゅけい》・絞《しぼ》り染《ぞ》め・豆絞《まめしぼ》り

用例 死因は**絞殺**とみられる。**絞首刑**に処せられた。**絞り染め**の振り袖《そで》。

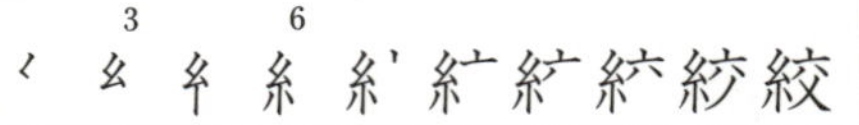

綱

部首：糸（いとへん） 14画

音 コウ
訓 つな

意味 おおもと・大きな区分け・つな

語句 綱目《こうもく》・※大綱《たいこう》・要綱《ようこう》・手綱《たづな》・横綱《よこづな》

用例 **綱目**を挙げる。計画の**大綱**。鮮やかな**手綱**さばき。**横綱**の土俵入り。

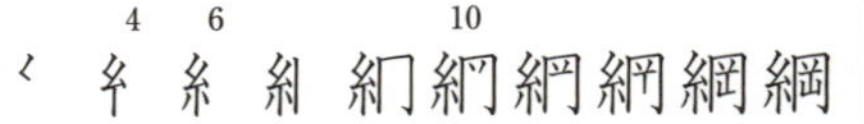

酵

部首：酉（とりへん） 14画

音 コウ
訓 ——

意味 発酵すること・酒のもと

語句 酵素《こうそ》・酵母《こうぼ》・発酵《はっこう》

用例 消化**酵素**のアミラーゼを多く含む。**酵母**を入れて**発酵**させる。

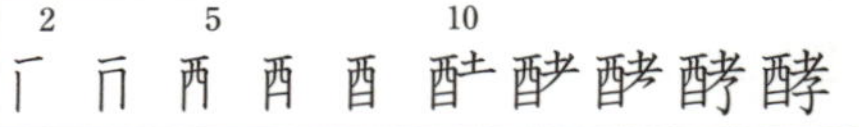

克

部首：儿（ひとあし・にんにょう） 7画

音 コク
訓 ——

意味 打ち勝つ・じゅうぶんに

語句 克服《こくふく》・克明《こくめい》・克己《こっき》・相克《そうこく》

用例 重病を**克服**する。**克明**に描く。**克己**の心。理性と感情の**相克**。

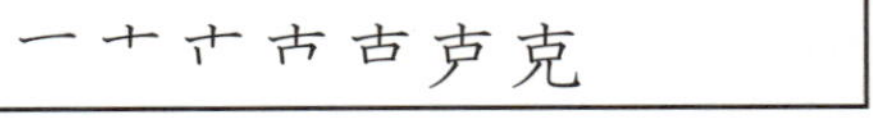

※「おおづな」とも読む。

獄
犭 けものへん 14画
音 ゴク
訓 ——
意味 ろうや・訴え
語句 獄舎《ごくしゃ》・獄中《ごくちゅう》・監獄《かんごく》・地獄《じごく》・投獄《とうごく》
用例 獄中からの手紙。監獄に入れられる。地獄の苦しみ。

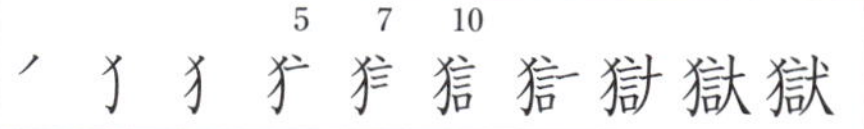

恨
忄 りっしんべん 9画
音 コン
訓 うら(む)
うら(めしい)
意味 うらむ・くやむ
語句 恨事《こんじ》・遺恨《いこん》・怨恨《えんこん》・悔恨《かいこん》・痛恨《つうこん》
用例 遺恨を晴らす。怨恨を晴らす。悔恨の涙を流す。痛恨のエラー。

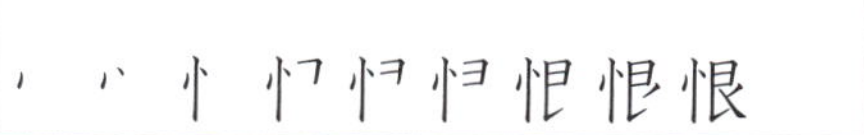

紺
糸 いとへん 11画
音 コン
訓 ——
意味 こんいろ
語句 紺地《こんじ》・紺青《こんじょう》・※紺屋《こんや》・紫紺《しこん》・濃紺《のうこん》
用例 紺地の浴衣《ゆかた》。紺青の海をながめる。紫紺の優勝旗。濃紺の背広。

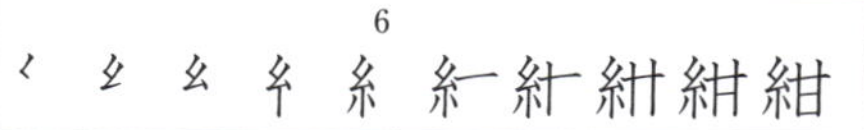

魂
鬼 おに 14画
音 コン
訓 たましい
意味 たましい・こころ・気持ち
語句 魂胆《こんたん》・商魂《しょうこん》・精魂《せいこん》・闘魂《とうこん》・霊魂《れいこん》
用例 見え透いた魂胆だ。商魂がたくましい。精魂込めて作る。不屈の闘魂。

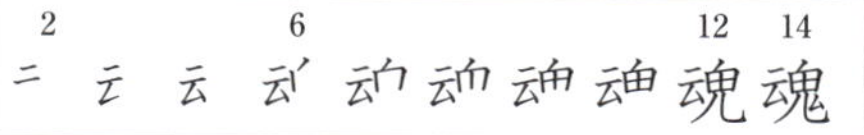

墾
土 つち 16画
音 コン
訓 ——
意味 たがやす・田畑をひらく
語句 墾田《こんでん》・開墾《かいこん》
用例 墾田永年私財法は743年に出された。荒れ地を開墾する。

※「こうや」とも読む。

債

イ にんべん 13画

音 サイ

訓 ――

意味 借りたお金・貸したお金・「債券」の略

語句 債券《さいけん》・債権《さいけん》・債務《さいむ》・国債《こくさい》・負債《ふさい》

用例 債券の発行。債権者会議を開く。国債を発行する。負債を返済する。

2 10 13

催

イ にんべん 13画

音 サイ

訓 もよお(す)

意味 うながす・もよおす・おこなう

語句 催促《さいそく》・催眠《さいみん》・開催《かいさい》・共催《きょうさい》・主催《しゅさい》

用例 家賃を**催促**する。**催眠**術にかかる。総会を**開催**する。バザーを**主催**する。

2 5 12

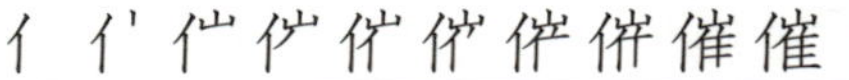

削

リ りっとう 9画

音 サク

訓 けず(る)

意味 けずる・へらす

語句 削岩機《さくがんき》・削減《さくげん》・削除《さくじょ》・掘削《くっさく》・添削《てんさく》

用例 予算の**削減**。住所録から**削除**する。井戸を**掘削**する。作文を**添削**する。

搾

扌 てへん 13画

音 サク㊫

訓 しぼ(る)

意味 強くしめつける・しぼる

語句 搾取《さくしゅ》・搾乳《さくにゅう》・搾油《さくゆ》・圧搾《あっさく》・搾《しぼ》り汁《じる》

用例 労働者を**搾取**する。**搾乳**機の扱い方を覚える。**圧搾**空気を送る。

5 8 10

錯

金 かねへん 16画

音 サク

訓 ――

意味 まじりあう・混乱する・まちがう

語句 錯誤《さくご》・錯乱《さくらん》・錯覚《さっかく》・交錯《こうさく》・倒錯《とうさく》

用例 試行**錯誤**を繰り返す。精神が**錯乱**する。**錯覚**を起こす。光が**交錯**する。

4 8 16

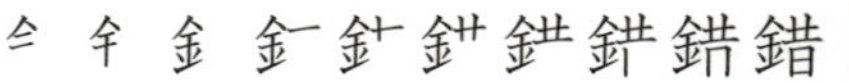

撮

扌 てへん　15画

音 サツ

訓 と(る)

意味 カメラでうつす・とる・つまむ

語句 撮影《さつえい》・撮要《さつよう》・隠《かく》し撮《と》り・早撮《はやと》り

用例 映画の**撮影**。現場を**隠し撮り**する。受験票に**早撮り**写真をはる。

擦

扌 てへん　17画

音 サツ

訓 す(る)
す(れる)

意味 強くこする・さする

語句 擦過傷《さっかしょう》・塗擦《とさつ》・摩擦《まさつ》・靴擦《くつず》れ

用例 **擦過傷**に薬を塗る。皮膚に**塗擦**する薬。**摩擦**によって熱が発生する。

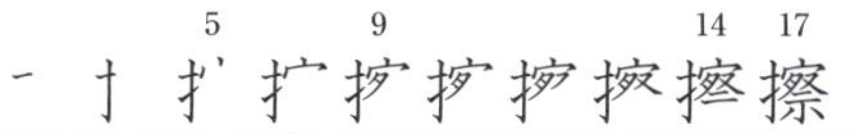

暫

日 ひ　15画

音 ザン

訓 ――

意味 しばらく・わずかの間・仮の

語句 暫時《ざんじ》・暫定《ざんてい》

用例 食後に**暫時**休憩を取る。**暫定**措置を講じる。

祉

ネ しめすへん　8画

音 シ

訓 ――

意味 さいわい・めぐみ

語句 福祉《ふくし》

用例 社会**福祉**の問題を考える。

施

方 ほうへん・かたへん　9画

音 シ
セ 高

訓 ほどこ(す)

意味 実際におこなう・めぐむ・あたえる

語句 ※施行《しこう》・施設《しせつ》・施主《せしゅ》・実施《じっし》・布施《ふせ》

用例 法律を**施行**する。**施設**を改築する。試験を**実施**する。お**布施**を包む。

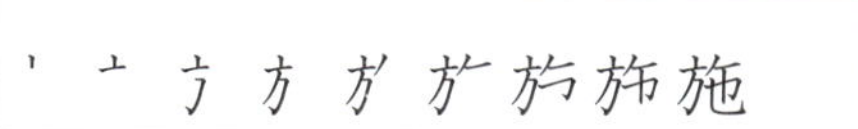

※「せこう」とも読む。

諮

言 ごんべん
16画

音 シ
訓 はか(る)

意味 上から下に相談する・はかる・問う
語句 諮議《しぎ》・諮問《しもん》
用例 案件を**諮議**にかける。委員会に**諮問**し，答申を受ける。

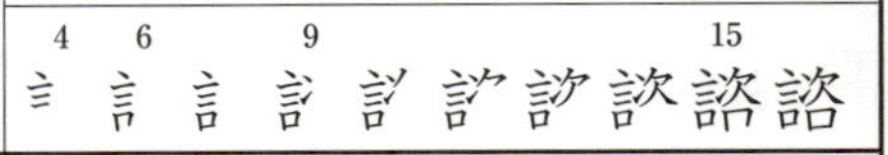

侍

亻 にんべん
8画

音 ジ
訓 さむらい

意味 目上の人のそばにつかえる・さむらい
語句 侍医《じい》・侍従《じじゅう》・侍女《じじょ》・近侍《きんじ》・侍所《さむらいどころ》
用例 宮中で**侍医**を務める。天皇は**侍従**を遣わされた。**近侍**として仕える。

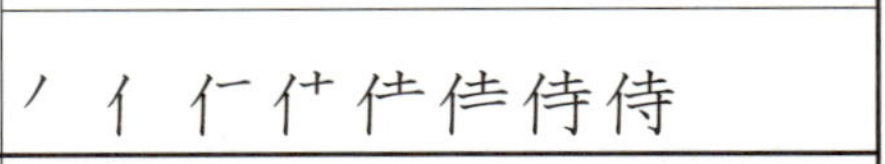

慈

心 こころ
13画

音 ジ
訓 いつく(しむ)㊂

意味 いつくしむ・あわれむ・親子の情愛
語句 慈愛《じあい》・慈善《じぜん》・慈悲《じひ》・慈父《じふ》・慈母《じぼ》
用例 **慈愛**に満ちた目。**慈善**事業に奉仕する。**慈悲**深い心を持つ。

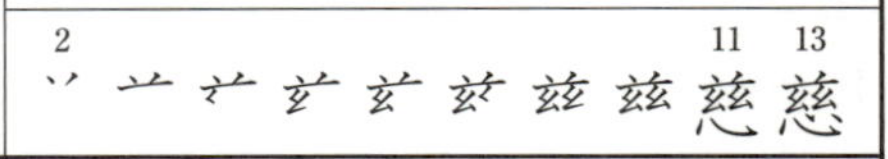

軸

車 くるまへん
12画

音 ジク
訓 ——

意味 車の心棒・物事の中心・まきもの
語句 機軸《きじく》・車軸《しゃじく》・主軸《しゅじく》・中軸《ちゅうじく》・横軸《よこじく》
用例 **車軸**が折れる。**主軸**として活動する。チームの**中軸**打者。縦軸と**横軸**。

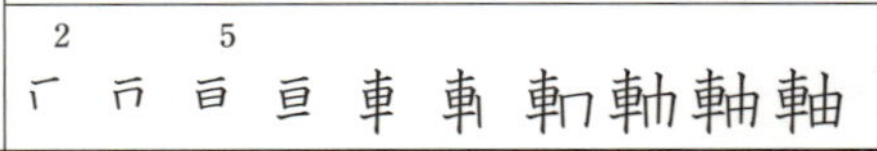

疾

疒 やまいだれ
10画

音 シツ
訓 ——

意味 やまい・はやい
語句 疾患《しっかん》・疾駆《しっく》・疾走《しっそう》・疾風《しっぷう》・疾病《しっぺい》
用例 馬が**疾駆**する。全力で**疾走**する。**疾風**が吹き荒れる。重い**疾病**にかかる。

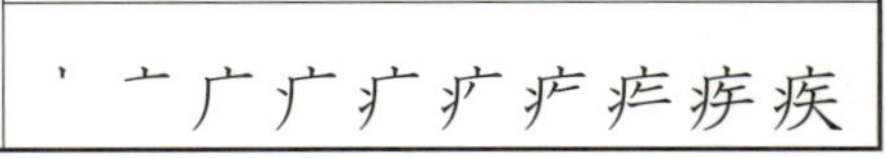

湿

さんずい　氵　12画

音 シツ
訓 しめ(る)　しめ(す)

意味 水けをおびる・しめらせる
語句 ※湿気《しっけ》・湿潤《しつじゅん》・湿地《しっち》・湿度《しつど》・多湿《たしつ》
用例 **湿潤**な風土。**湿地**帯の植物。**湿度**計を読む。高温**多湿**の気候。

赦

あか　赤　11画

音 シャ
訓 ——

意味 罪やあやまちをゆるす・すておく
語句 赦免《しゃめん》・恩赦《おんしゃ》・大赦《たいしゃ》・特赦《とくしゃ》・容赦《ようしゃ》
用例 **恩赦**により減刑される。**大赦**が行われた。受刑者に**特赦**が施される。

邪

おおざと　阝　8画

音 ジャ
訓 ——

意味 ひねくれた考え・害をおよぼすもの
語句 邪悪《じゃあく》・邪鬼《じゃき》・邪道《じゃどう》・正邪《せいじゃ》・無邪気《むじゃき》
用例 **邪悪**な心。**邪鬼**を払う。**邪道**な考え。**正邪**を究明する。**無邪気**な顔だ。

殊

かばねへん・いちたへん　がつへん　歹　10画

音 シュ
訓 こと

意味 とりわけ・とくに・すぐれている
語句 殊遇《しゅぐう》・殊勲《しゅくん》・殊勝《しゅしょう》・特殊《とくしゅ》・殊更《ことさら》
用例 社長の**殊遇**を受ける。試合の**殊勲**者。**殊勝**な心がけ。**特殊**な才能。

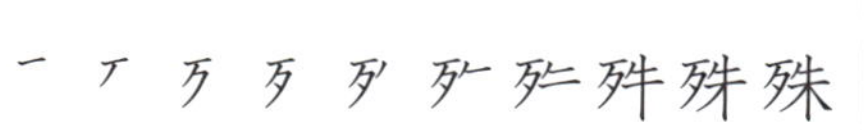

寿

すん　寸　7画

音 ジュ
訓 ことぶき

意味 長生きする・いのち・めでたいこと
語句 寿命《じゅみょう》・喜寿《きじゅ》・長寿《ちょうじゅ》・天寿《てんじゅ》・米寿《べいじゅ》
用例 **寿命**が縮まる。**喜寿**の祝いをする。世界一の**長寿**国。**天寿**を全うする。

※「しっき」とも読む。

潤

さんずい　氵　15画

音 ジュン
訓 うるお(う)　うるお(す)　うる(む)

意味　水けをふくむ・もうけ・つやがある

語句　潤滑《じゅんかつ》・潤沢《じゅんたく》・湿潤《しつじゅん》・豊潤《ほうじゅん》・利潤《りじゅん》

用例　食糧は**潤沢**だ。熟した果物の**豊潤**な色つや。**利潤**を追求する。

遵

しんにょう・しんにゅう　辶　15画

音 ジュン
訓 ――

意味　きまりにしたがう

語句　遵守《じゅんしゅ》・遵法《じゅんぽう》

用例　法規を**遵守**する。**遵法**の精神を教え諭《さと》す。

如

おんなへん　女　6画

音 ジョ　ニョ(高)
訓 ――

意味　様子や状態をあらわす時につける言葉

語句　如才《じょさい》・如実《にょじつ》・欠如《けつじょ》・突如《とつじょ》・躍如《やくじょ》

用例　**如才**ない人。人生を**如実**に描く。責任感の**欠如**。**突如**火の手が上がった。

徐

ぎょうにんべん　彳　10画

音 ジョ
訓 ――

意味　ゆっくりと・おもむろに・やすらか

語句　徐行《じょこう》・徐徐《じょじょ》に・緩徐《かんじょ》

用例　**徐行**運転する。**徐徐**に改善されつつある。**緩徐**にして優雅な調べ。

匠

はこがまえ　匚　6画

音 ショウ
訓 ――

意味　すぐれた技能をもつ人・くふう

語句　意匠《いしょう》・巨匠《きょしょう》・工匠《こうしょう》・師匠《ししょう》・刀匠《とうしょう》

用例　落語界の**巨匠**。優れた**工匠**に依頼する。三味線の**師匠**。高名な**刀匠**。

昇

日 ひ　8画

音 ショウ
訓 のぼ(る)

意味 上へあがる・のぼらせる
語句 昇格《しょうかく》・昇給《しょうきゅう》・昇降《しょうこう》・昇進《しょうしん》・上昇《じょうしょう》
用例 課から部に昇格する。ビルの昇降口。課長に昇進する。気球が上昇する。

掌

手 て　12画

音 ショウ
訓 ——

意味 手のひら・つかさどる・受けもつ
語句 掌握《しょうあく》・掌中《しょうちゅう》・合掌《がっしょう》・車掌《しゃしょう》・職掌《しょくしょう》
用例 実権を掌握する。霊前に合掌する。電車の車掌。自己の職掌を守る。

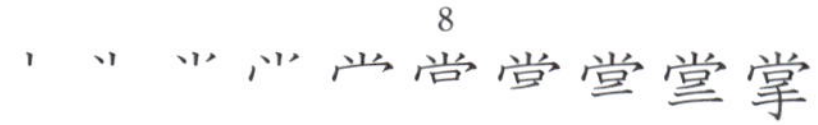

晶

日 ひ　12画

音 ショウ
訓 ——

意味 きらめく・鉱物の規則正しい形
語句 液晶《えきしょう》・結晶《けっしょう》・水晶《すいしょう》
用例 液晶のテレビ。受賞は長年の努力の結晶です。水晶の玉で将来を占う。

焦

灬 れんが・れっか　12画

音 ショウ
訓 こ(げる)　こ(がす)　こ(がれる)　あせ(る)高

意味 こげる・こがす・いらだつ
語句 焦燥《しょうそう》・焦点《しょうてん》・焦土《しょうど》・焦慮《しょうりょ》・黒焦《くろこ》げ
用例 焦燥感にかられる。焦点を合わせる。焦土と化す。局面の打開に焦慮する。

衝

行 ぎょうがまえ・ゆきがまえ　15画

音 ショウ
訓 ——

意味 つきあたる・だいじな場所・かなめ
語句 衝撃《しょうげき》・衝動《しょうどう》・衝突《しょうとつ》・緩衝《かんしょう》・要衝《ようしょう》
用例 衝撃を受ける。衝動買いをする。車の衝突事故。緩衝地帯が設けられた。

鐘

金 かねへん 20画

音 ショウ
訓 かね

意味 つりがね
語句 鐘声《しょうせい》・鐘楼《しょうろう》・警鐘《けいしょう》・半鐘《はんしょう》・晩鐘《ばんしょう》
用例 鐘楼に登る。警鐘を鳴らす。火の見やぐらの半鐘が鳴る。

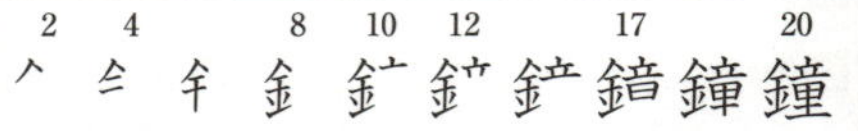

冗

冖 わかんむり 4画

音 ジョウ
訓 ——

意味 むだ・長たらしい
語句 冗員《じょういん》・冗談《じょうだん》・冗長《じょうちょう》・冗費《じょうひ》・冗漫《じょうまん》
用例 冗員が多すぎる。冗談を言う。冗長な解説。冗費を省く。冗漫な文章。

嬢

女 おんなへん 16画

音 ジョウ
訓 ——

意味 むすめ・おとめ
語句 愛嬢《あいじょう》・お嬢《じょう》さん・令嬢《れいじょう》
用例 感じのいいお嬢さんですね。良家の令嬢らしく振る舞う。

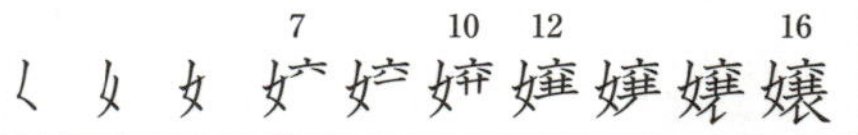

錠

金 かねへん 16画

音 ジョウ
訓 ——

意味 じょうまえ・平たく丸くかためた薬
語句 錠剤《じょうざい》・錠前《じょうまえ》・施錠《せじょう》・手錠《てじょう》
用例 錠剤をのむ。錠前を外す。しっかり施錠する。手錠をかける。

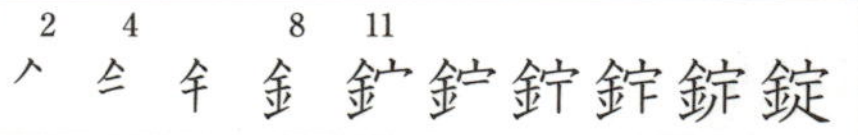

譲

言 ごんべん 20画

音 ジョウ
訓 ゆず(る)

意味 他人に与える・ゆずる・へりくだる
語句 譲渡《じょうと》・譲歩《じょうほ》・譲与《じょうよ》・謙譲《けんじょう》・分譲《ぶんじょう》
用例 権利を譲渡する。大幅に譲歩する。土地を譲与する。分譲住宅に住む。

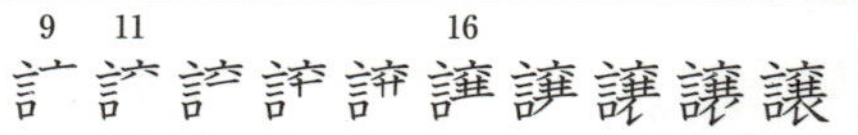

嘱
口 くちへん 15画

音 ショク
訓 ——

意味 たのむ・いいつける・目をつける
語句 嘱託《しょくたく》・嘱望《しょくぼう》・嘱目《しょくもく》・委嘱《いしょく》
用例 **嘱託**として働く。将来を**嘱望**される。**嘱目**に値する。委員を**委嘱**する。

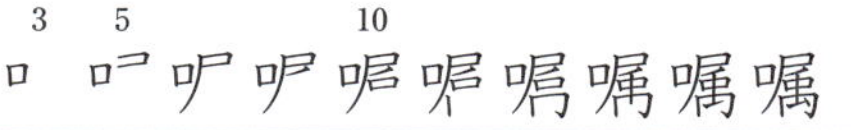

辱
辰 しんのたつ 10画

音 ジョク
訓 はずかし(める)高

意味 はじをかかせる・かたじけない
語句 汚辱《おじょく》・屈辱《くつじょく》・雪辱《せつじょく》・恥辱《ちじょく》・侮辱《ぶじょく》
用例 **汚辱**にまみれる。**屈辱**に耐える。**雪辱**を遂げる。**恥辱**を受ける。

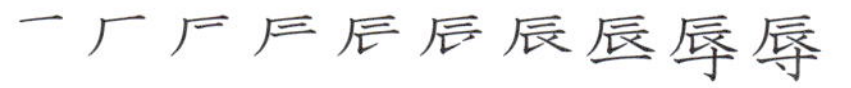

伸
亻 にんべん 7画

音 シン
訓 の(びる)
　 の(ばす)
　 の(べる)

意味 のびる・のばす・のべる
語句 伸長《しんちょう》・伸張《しんちょう》・屈伸《くっしん》・追伸《ついしん》・背伸《せの》び
用例 学力の**伸長**。勢力の**伸張**。ひざの**屈伸**。手紙に**追伸**を書く。

辛
辛 からい 7画

音 シン
訓 から(い)

意味 つらい・からい味・かろうじて
語句 辛苦《しんく》・辛酸《しんさん》・辛勝《しんしょう》・辛抱《しんぼう》・辛労《しんろう》
用例 **辛苦**して子を育てる。**辛酸**をなめる。**辛抱**強く待つ。過度の**辛労**に倒れる。

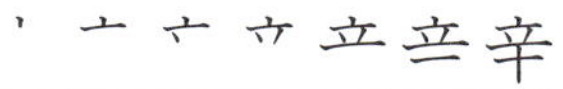

審
宀 うかんむり 15画

音 シン
訓 ——

意味 くわしい・ただす・判定する
語句 審議《しんぎ》・審査《しんさ》・審判《しんぱん》・審理《しんり》・再審《さいしん》
用例 予算を**審議**する。作品を**審査**する。集中**審理**する。**再審**を請求する。

炊

火 ひへん　8画

音 スイ
訓 た(く)

意味 たく・熱を加えて料理をする

語句 炊事《すいじ》・自炊《じすい》・雑炊《ぞうすい》・炊《た》き出《だ》し

用例 台所で**炊事**をする。下宿して**自炊**する。**炊き出し**が行われる。

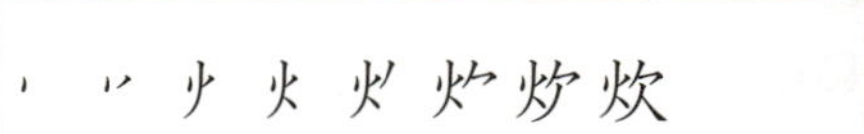

粋

米 こめへん　10画

音 スイ
訓 いき

意味 まじりけがない・すぐれている・いき

語句 粋狂《すいきょう》・粋人《すいじん》・純粋《じゅんすい》・無粋《ぶすい》

用例 **粋狂**にもほどがある。**純粋**な心の持ち主だ。**無粋**なことを言う。

衰

衣 ころも　10画

音 スイ
訓 おとろ(える)

意味 おとろえる・よわる

語句 衰弱《すいじゃく》・衰退《すいたい》・衰微《すいび》・衰亡《すいぼう》・盛衰《せいすい》

用例 体が**衰弱**する。**衰退**の一途をたどる。国家が**衰微**する。民族が**衰亡**する。

酔

酉 とりへん　11画

音 スイ
訓 よ(う)

意味 酒によう・心をうばわれる

語句 酔眼《すいがん》・酔狂《すいきょう》・心酔《しんすい》・麻酔《ますい》・船酔《ふなよ》い

用例 **酔眼**で見上げる。バロック音楽に**心酔**する。**船酔い**しやすい体質。

遂

辶 しんにょう・しんにゅう　12画

音 スイ
訓 と(げる)

意味 やりとおす・ついに

語句 遂行《すいこう》・完遂《かんすい》・既遂《きすい》・未遂《みすい》

用例 職務を**遂行**する。計画を**完遂**する。**既遂**の行為。殺人**未遂**で逮捕される。

穂

禾（のぎへん） 15画

音 スイ 高

訓 ほ

意味 イネやムギなどのほ

語句 穂状《すいじょう》・穂先《ほさき》・穂波《ほなみ》・稲穂《いなほ》・初穂《はつほ》

用例 穂状の植物。黄金色の**穂波**。**稲穂**の脱穀。神前に**初穂**を供える。

随

阝（こざとへん） 12画

音 ズイ

訓 ——

意味 ついていく・気のむくままに

語句 随行《ずいこう》・随時《ずいじ》・随筆《ずいひつ》・追随《ついずい》・付随《ふずい》

用例 市長に**随行**する。**随時**配達する。先人に**追随**する。**付随**事項を添える。

髄

骨（ほねへん） 19画

音 ズイ

訓 ——

意味 骨や植物の茎《くき》の中心部・物事の中心

語句 骨髄《こつずい》・心髄《しんずい》・真髄《しんずい》・精髄《せいずい》・脳髄《のうずい》

用例 恨み**骨髄**に徹《てっ》する。**真髄**をきわめる。茶道の**精髄**を探る。

瀬

氵（さんずい） 19画

音 ——

訓 せ

意味 浅くて流れの急な所・機会・立場

語句 瀬戸《せと》・瀬戸際《せとぎわ》・浅瀬《あさせ》・早瀬《はやせ》・立《た》つ瀬《せ》

用例 **瀬戸**物の大売り出し。大事の**瀬戸際**に立つ。船が**浅瀬**に乗り上げた。

牲

牜（うしへん） 9画

音 セイ

訓 ——

意味 神に供える動物・いけにえ

語句 犠牲《ぎせい》

用例 事故の**犠牲**者の死を無駄《むだ》にしてはいけない。

婿

女 おんなへん 12画

音 セイ(高)
訓 むこ

意味 むこ・おとこ
語句 女婿《じょせい》・婿取《むこと》り・婿養子《むこようし》・花婿《はなむこ》・娘婿《むすめむこ》
用例 女婿となる。長女に婿養子を迎える。花婿を紹介する。

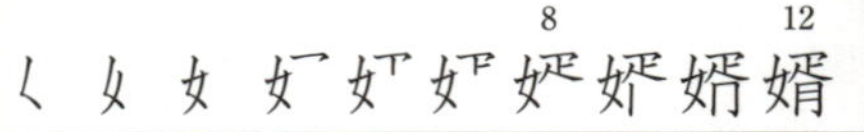

請

言 ごんべん 15画

音 セイ
シン(高)
訓 こ(う)(高)
う(ける)

意味 ねがいもとめる・ひきうける
語句 請求《せいきゅう》・申請《しんせい》・要請《ようせい》・普請《ふしん》・請負《うけおい》
用例 代金を請求する。免許を申請する。援助を要請する。家を普請中だ。

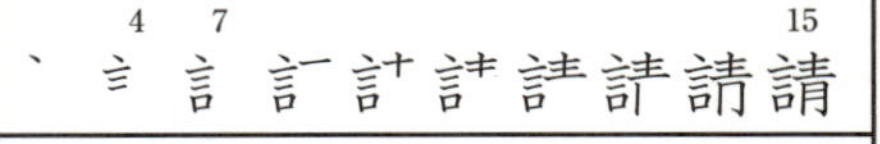

斥

斤 きん 5画

音 セキ
訓 ―

意味 しりぞける・様子をさぐる
語句 斥候《せっこう》・排斥《はいせき》
用例 敵陣近くに斥候を放つ。外国製品の排斥運動が起こる。

隻

隹 ふるとり 10画

音 セキ
訓 ―

意味 一つ・かたわれ・ふねを数える言葉
語句 隻影《せきえい》・隻眼《せきがん》・隻語《せきご》・隻腕《せきわん》・一隻《いっせき》
用例 隻眼の剣士。片言隻語も聞き漏らさない。隻腕の投手。一隻の帆船。

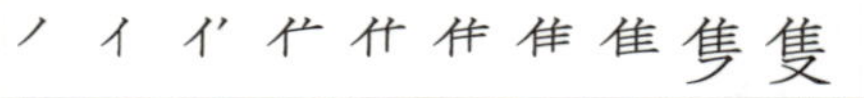

惜

忄 りっしんべん 11画

音 セキ
訓 お(しい)
お(しむ)

意味 残念に思う・おしい・だいじにする
語句 惜敗《せきはい》・惜別《せきべつ》・哀惜《あいせき》・愛惜《あいせき》・痛惜《つうせき》
用例 決勝戦で惜敗する。惜別の涙を流す。哀惜の念。父が愛惜した茶器。

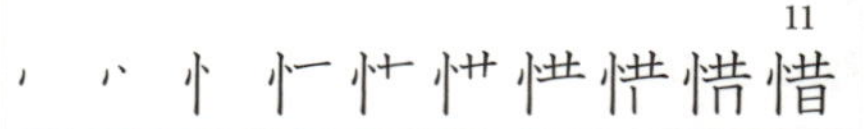

籍

部首：⺮（たけかんむり）　20画

音 セキ
訓 ——

意味 書物・戸籍・団体の一員に属すること

語句 学籍《がくせき》・戸籍《こせき》・国籍《こくせき》・書籍《しょせき》・入籍《にゅうせき》

用例 市役所の戸籍係。**国籍**は問わない。**書籍**を販売する。**入籍**手続きをする。

3　6　9　15　20

摂

部首：扌（てへん）　13画

音 セツ
訓 ——

意味 とりいれる・代わっておこなう

語句 摂氏《せっし》・摂取《せっしゅ》・摂政《せっしょう》・摂生《せっせい》・摂理《せつり》

用例 **摂氏**40度もある。ビタミンを**摂取**する。**摂生**に努める。自然の**摂理**。

4　8

潜

部首：氵（さんずい）　15画

音 セン
訓 ひそ(む)　もぐ(る)

意味 水中にもぐる・かくれる

語句 潜航《せんこう》・潜在《せんざい》・潜水《せんすい》・潜入《せんにゅう》・潜伏《せんぷく》

用例 湾内を**潜航**する。**潜水**服を着る。スパイが**潜入**する。はしかの**潜伏**期間。

3　5　9　11

繕

部首：糸（いとへん）　18画

音 ゼン
訓 つくろ(う)

意味 つくろう・なおす

語句 営繕《えいぜん》・修繕《しゅうぜん》・身繕《みづくろ》い

用例 **営繕**費を調達する。壊れたところを**修繕**する。念入りに**身繕い**をした。

6　8　11

阻

部首：阝（こざとへん）　8画

音 ソ
訓 はば(む)㊂

意味 けわしい・はばむ・へだたり

語句 阻害《そがい》・阻止《そし》・阻喪《そそう》・険阻《けんそ》

用例 発展を**阻害**する。実力で**阻止**する。意気**阻喪**する。**険阻**な岩場を登る。

措

扌 てへん　11画

音 ソ
訓 ―

意味 しまつをつける・ふるまい・おく
語句 措辞《そじ》・措置《そち》・措定《そてい》・挙措《きょそ》
用例 適切な**措置**をとる。ある命題を**措定**する。突発事故に**挙措**を失う。

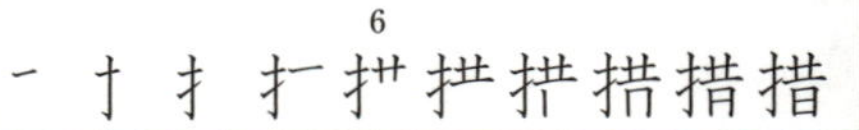

粗

米 こめへん　11画

音 ソ
訓 あら(い)

意味 あらい・そまつ・へりくだっていう言葉
語句 粗悪《そあく》・粗品《そしな》・粗暴《そぼう》・粗末《そまつ》・精粗《せいそ》
用例 **粗悪**品を買う。**粗品**を受け取る。**粗暴**な振る舞い。**粗末**な食事。

礎

石 いしへん　18画

音 ソ
訓 いしずえ㊥

意味 いしずえ・物事のもと
語句 礎材《そざい》・礎石《そせき》・基礎《きそ》・定礎《ていそ》
用例 建築物の**礎材**を埋める。近代化の**礎石**を築く。家の**基礎**工事を行う。

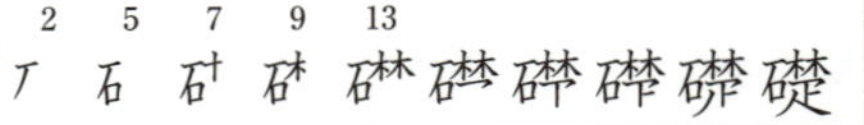

双

又 また　4画

音 ソウ
訓 ふた

意味 二つ・対《つい》・ならぶ
語句 双眼鏡《そうがんきょう》・双肩《そうけん》・双方《そうほう》・無双《むそう》・双子《ふたご》
用例 レースを**双眼鏡**で見る。**双方**の利益をはかる。古今**無双**の名人。

桑

木 き　10画

音 ソウ㊥
訓 くわ

意味 植物のくわ
語句 桑園《そうえん》・桑田《そうでん》・桑畑《くわばたけ》
用例 **桑園**で**桑**の実を摘む。この地方は**桑田**が多い。**桑畑**が一面に広がる。

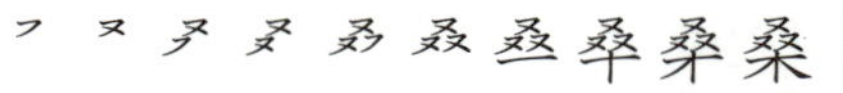

掃

扌 てへん　11画

音 ソウ

訓 は(く)

意味 きれいにする・とり除く・おいはらう

語句 掃海《そうかい》・掃除《そうじ》・掃討《そうとう》・一掃《いっそう》・清掃《せいそう》

用例 機雷の**掃海**作業。部屋の**掃除**。敵を**掃討**する。道路を**清掃**する。

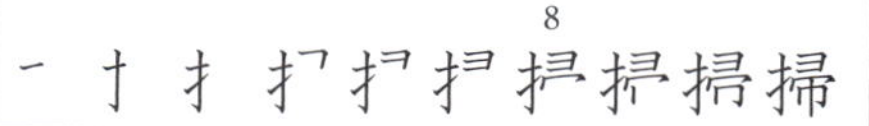

葬

艹 くさかんむり　12画

音 ソウ

訓 ほうむ(る)高

意味 ほうむる・とむらい・葬式《そうしき》のこと

語句 葬儀《そうぎ》・葬祭《そうさい》・葬列《そうれつ》・火葬《かそう》・埋葬《まいそう》

用例 **葬儀**に参列する。長い**葬列**。我が国は**火葬**が主流だ。墓地に**埋葬**する。

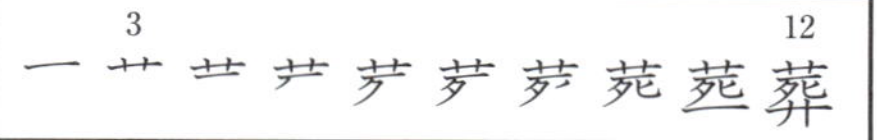

遭

辶 しんにょう・しんにゅう　14画

音 ソウ

訓 あ(う)

意味 めぐりあう・でくわす

語句 遭遇《そうぐう》・遭難《そうなん》

用例 思いがけない不幸に**遭遇**する。冬山で**遭難**した。

憎

忄 りっしんべん　14画

音 ゾウ

訓 にく(む)
にく(い)
にく(らしい)
にく(しみ)

意味 にくむ・きらう

語句 憎悪《ぞうお》・愛憎《あいぞう》・憎《にく》まれ役《やく》・心憎《こころにく》い

用例 戦争を**憎悪**する。**愛憎**がうず巻く。**憎まれ役**を買って出る。

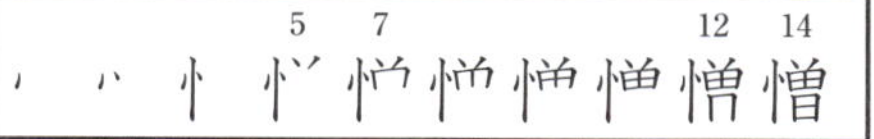

促

亻 にんべん　9画

音 ソク

訓 うなが(す)

意味 せきたてる・間がつまる

語句 促音《そくおん》・促進《そくしん》・促成《そくせい》・催促《さいそく》・督促《とくそく》

用例 販売の**促進**を図る。野菜の**促成**栽培《さいばい》。矢の**催促**を受ける。**督促**状を出す。

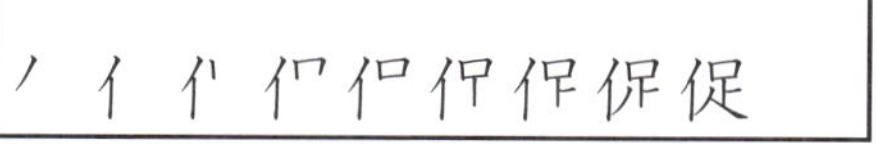

賊

貝 かいへん　13画

音 ゾク
訓 ——

意味 どろぼう・主君にさからう者
語句 賊軍《ぞくぐん》・海賊《かいぞく》・逆賊《ぎゃくぞく》・国賊《こくぞく》・盗賊《とうぞく》
用例 海賊船が出没する。逆賊の汚名を着せられる。盗賊に襲われる。

怠

心 こころ　9画

音 タイ
訓 おこた(る)
なま(ける)

意味 なまける・あなどる
語句 怠業《たいぎょう》・怠惰《たいだ》・怠慢《たいまん》・勤怠《きんたい》・怠《なま》け者《もの》
用例 組合員が怠業する。怠惰な日々を送る。行政の怠慢。勤怠表に記入する。

胎

月 にくづき　9画

音 タイ
訓 ——

意味 みごもる・子どものやどるところ
語句 胎教《たいきょう》・胎児《たいじ》・胎動《たいどう》・胎内《たいない》・母胎《ぼたい》
用例 胎教によい音楽。胎児の発育がよい。胎動を感じる。西洋文化の母胎。

袋

衣 ころも　11画

音 タイ 高
訓 ふくろ

意味 ふくろ
語句 風袋《ふうたい》・郵袋《ゆうたい》・有袋類《ゆうたいるい》・胃袋《いぶくろ》・紙袋《かみぶくろ》
用例 風袋込みの目方。カンガルーは有袋類だ。紙袋に穴があく。

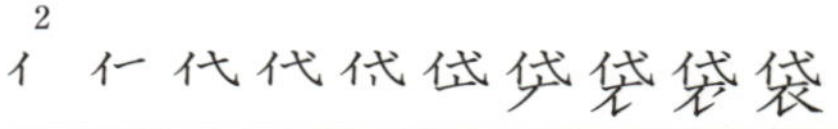

逮

辶 しんにょう・しんにゅう　11画

音 タイ
訓 ——

意味 およぶ・つかまる・追う
語句 逮捕《たいほ》
用例 逃走していた犯人が逮捕された。

滞

氵 さんずい 13画

音 タイ
訓 とどこお(る)

意味 とどまる・はかどらない
語句 滞貨《たいか》・滞在《たいざい》・滞納《たいのう》・延滞《えんたい》・沈滞《ちんたい》
用例 三日ほど**滞在**する。保険金の**滞納**。**延滞**金を払う。景気が**沈滞**する。

3 7
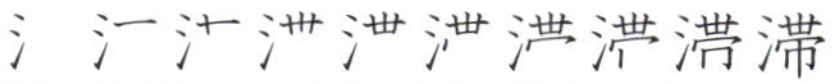

滝

氵 さんずい 13画

音 ——
訓 たき

意味 たき・山間の急斜面を流れる水
語句 滝口《たきぐち》・滝《たき》つぼ・滝登《たきのぼ》り
用例 **滝口**から大量の水が一気に落ちる。**滝つぼ**のごう音と猛しぶき。

3 7
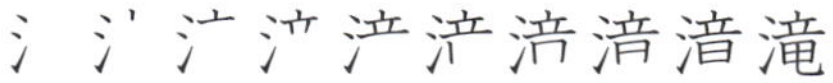

択

扌 てへん 7画

音 タク
訓 ——

意味 えらぶ・よりわける
語句 択一《たくいつ》・採択《さいたく》・選択《せんたく》
用例 二者**択一**を迫られる。意見を**採択**する。テーマを**選択**する。

卓

十 じゅう 8画

音 タク
訓 ——

意味 すぐれている・つくえ
語句 卓越《たくえつ》・卓抜《たくばつ》・卓球《たっきゅう》・卓見《たっけん》・食卓《しょくたく》
用例 **卓越**した考え。**卓抜**した業績。**卓球**の選手。**卓見**に富む。**食卓**を囲む。

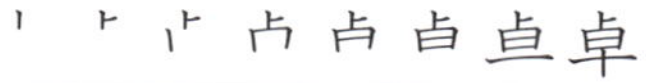

託

言 ごんべん 10画

音 タク
訓 ——

意味 まかせる・かこつける
語句 託児所《たくじしょ》・託宣《たくせん》・委託《いたく》・嘱託《しょくたく》・信託《しんたく》
用例 **託児所**を営む。神の御**託宣**。販売を**委託**する。校医を**嘱託**する。

諾

部首：言（ごんべん）　15画

音 ダク
訓 ―

意味 ひきうける・承知する

語句 諾否《だくひ》・快諾《かいだく》・許諾《きょだく》・受諾《じゅだく》・承諾《しょうだく》

用例 諾否を問う。申し出を**快諾**する。**許諾**を得る。頼みを**承諾**する。

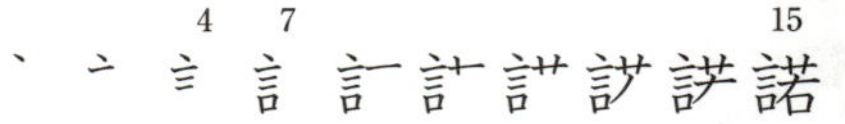

奪

部首：大（だい）　14画

音 ダツ
訓 うば(う)

意味 うばう・しいてとる

語句 奪回《だっかい》・奪取《だっしゅ》・※強奪《ごうだつ》・争奪《そうだつ》・略奪《りゃくだつ》

用例 タイトルの**奪回**。金品を**強奪**する。政権を**争奪**する。財産を**略奪**する。

胆

部首：月（にくづき）　9画

音 タン
訓 ―

意味 きも・度胸・本心

語句 胆石《たんせき》・豪胆《ごうたん》・心胆《しんたん》・大胆《だいたん》・落胆《らくたん》

用例 **豪胆**な人。**心胆**を寒からしめる。**大胆**なデザイン。合格できず**落胆**する。

鍛

部首：金（かねへん）　17画

音 タン
訓 きた(える)

意味 きたえる・練る

語句 鍛造《たんぞう》・鍛鉄《たんてつ》・鍛錬《たんれん》(練)

用例 金属を**鍛造**する。一流の職人を目指して**鍛錬**を積む。

壇

部首：土（つちへん）　16画

音 ダン
タン㊫
訓 ―

意味 だん・専門家たちの社会

語句 壇上《だんじょう》・花壇《かだん》・教壇《きょうだん》・祭壇《さいだん》・文壇《ぶんだん》

用例 **壇上**に並ぶ。公園の**花壇**。**教壇**に立つ。**祭壇**に花を供える。**文壇**の長老。

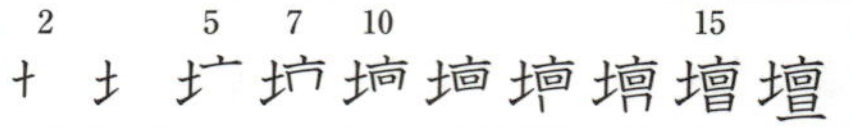

※「きょうだつ」とも読む。

稚

禾 のぎへん 13画

音 チ

訓 ――

意味 おさない・未熟だ

語句 稚気《ちき》・稚魚《ちぎょ》・稚拙《ちせつ》・幼稚《ようち》・稚児《ちご》

用例 **稚気**愛すべし。**稚魚**を放流する。**稚拙**な考え。一番近い**幼稚**園に通う。

畜

田 た 10画

音 チク

訓 ――

意味 動物を飼う・飼っている動物

語句 畜産《ちくさん》・畜生《ちくしょう》・家畜《かちく》・人畜《じんちく》・牧畜《ぼくちく》

用例 **畜産**が盛んだ。**家畜**を飼う。**人畜**無害な薬。**牧畜**業を営む。

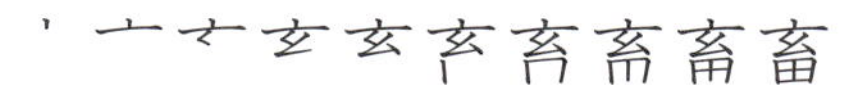

窒

穴 あなかんむり 11画

音 チツ

訓 ――

意味 ふさがる・元素の一つ

語句 窒素《ちっそ》・窒息《ちっそく》

用例 **窒素**酸化物は公害の原因となる。乳幼児や高齢者の**窒息**事故を防ぐ。

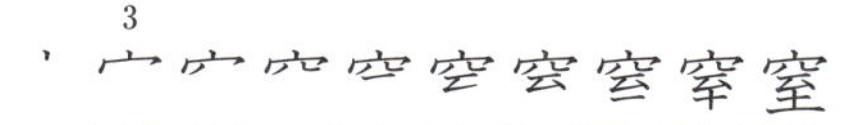

抽

扌 てへん 8画

音 チュウ

訓 ――

意味 ぬく・ひきだす

語句 抽出《ちゅうしゅつ》・抽象《ちゅうしょう》・抽選《ちゅうせん》

用例 無作為に**抽出**して調査する。**抽象**的な話をする。代表を**抽選**で決める。

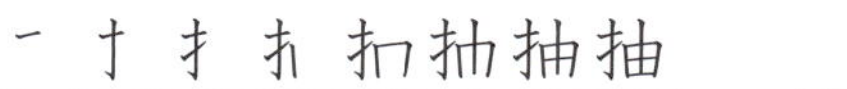

鋳

金 かねへん 15画

音 チュウ

訓 い(る)

意味 金属をとかして型に流しこむ

語句 鋳造《ちゅうぞう》・鋳鉄《ちゅうてつ》・改鋳《かいちゅう》・鋳型《いがた》・鋳物《いもの》

用例 青銅器を**鋳造**する。金貨を**改鋳**する。**鋳型**にはめこむ。**鋳物**工場の見学。

駐

馬 うまへん 15画

音 チュウ

訓 ——

意味 とまる・とどまる

語句 駐在《ちゅうざい》・駐車《ちゅうしゃ》・駐屯《ちゅうとん》・駐留《ちゅうりゅう》・進駐《しんちゅう》

用例 海外に**駐在**する。玄関前に**駐車**する。軍隊が**駐留**する。

彫

彡 さんづくり 11画

音 チョウ

訓 ほ(る)

意味 きざんで形をつける・ほりもの

語句 彫金《ちょうきん》・彫工《ちょうこう》・彫刻《ちょうこく》・彫塑《ちょうそ》・木彫《もくちょう》

用例 **彫金**細工をする。**彫工**として名をはせる。**彫刻**家を志す。**木彫**の仏像。

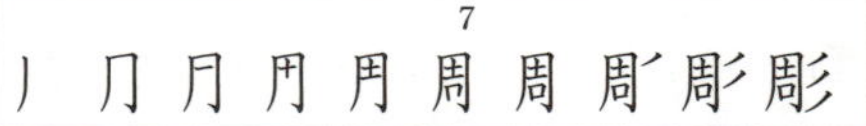

超

走 そうにょう 12画

音 チョウ

訓 こ(える)
こ(す)

意味 こえる・かけはなれる・すぐれる

語句 超越《ちょうえつ》・超過《ちょうか》・超人《ちょうじん》・超然《ちょうぜん》・入超《にゅうちょう》

用例 理解を**超越**する。積載量の**超過**。**超人**的な働き。貧苦にも**超然**とする。

聴

耳 みみへん 17画

音 チョウ

訓 き(く)

意味 よくきく・注意してきく

語句 聴覚《ちょうかく》・聴取《ちょうしゅ》・聴衆《ちょうしゅう》・傾聴《けいちょう》・傍聴《ぼうちょう》

用例 **聴覚**に訴える。事情を**聴取**する。**聴衆**を酔わせる。**傾聴**に値する。

陳

阝 こざとへん 11画

音 チン

訓 ——

意味 ならべる・申し立てる・古くさい

語句 陳謝《ちんしゃ》・陳述《ちんじゅつ》・陳情《ちんじょう》・陳腐《ちんぷ》・陳列《ちんれつ》

用例 失態を**陳謝**する。**陳述**を求める。国会に**陳情**する。**陳腐**な表現だ。

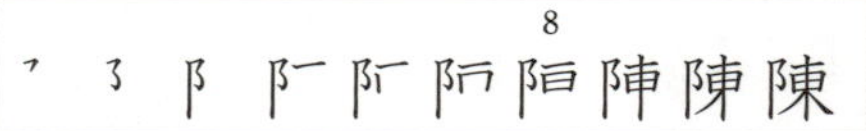

鎮

部首：金（かねへん） 18画

音 チン
訓 しず(める)高　しず(まる)高

意味 おさえ・しずめる・おちつかせる

語句 鎮圧《ちんあつ》・鎮火《ちんか》・鎮座《ちんざ》・鎮守《ちんじゅ》・重鎮《じゅうちん》

用例 反乱を**鎮圧**する。延焼前に**鎮火**する。**鎮守**の森。文壇の**重鎮**。

5 7 15 18

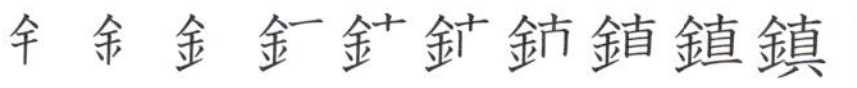

墜

部首：土（つち） 15画

音 ツイ
訓 ──

意味 おちる・おとす・うしなう

語句 墜死《ついし》・墜落《ついらく》・撃墜《げきつい》・失墜《しっつい》

用例 飛行機が**墜落**する。敵機を**撃墜**する。権威が**失墜**する。

6 8 10 14

帝

部首：巾（はば） 9画

音 テイ
訓 ──

意味 天子・天皇・みかど

語句 帝位《ていい》・帝王《ていおう》・帝国《ていこく》・皇帝《こうてい》・女帝《じょてい》

用例 **帝位**に就く。無冠の**帝王**。**帝国**主義を排する。持統天皇は**女帝**である。

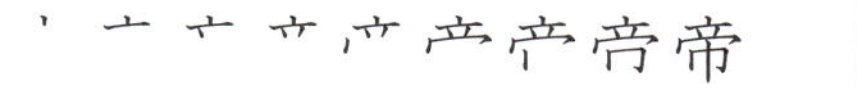

訂

部首：言（ごんべん） 9画

音 テイ
訓 ──

意味 なおす・はかる

語句 訂正《ていせい》・改訂《かいてい》・校訂《こうてい》・増訂《ぞうてい》・補訂《ほてい》

用例 誤りを**訂正**する。**改訂**版の辞書。万葉集を**校訂**する。**増訂**版の百科事典。

締

部首：糸（いとへん） 15画

音 テイ
訓 し(まる)　し(める)

意味 とりきめる・しめる

語句 締結《ていけつ》・締盟《ていめい》・締約《ていやく》・締《し》め切《き》り

用例 条約の**締結**。同盟を**締約**する。今日が願書提出の**締め切り**日だ。

3 6 8 10

哲

口 くち
10画

音 テツ
訓 ──

意味 物事の深い道理・賢明で知恵のある人
語句 哲学《てつがく》・哲人《てつじん》・哲理《てつり》・賢哲《けんてつ》・先哲《せんてつ》
用例 **哲学**を専攻する。優れた**哲人**。**哲理**に明るい。**先哲**の教えに従う。

斗

斗 とます
4画

音 ト
訓 ──

意味 ひしゃく・容積の単位
語句 斗酒《としゅ》・北斗七星《ほくとしちせい》・漏斗《ろうと》
用例 **斗酒**なお辞せず。**北斗七星**はおおぐま座に含まれる。**漏斗**状の花。

塗

土 つち
13画

音 ト
訓 ぬ(る)

意味 ぬる・まみれる・どろ・みち
語句 塗装《とそう》・塗炭《とたん》・塗布《とふ》・塗料《とりょう》・上塗《うわぬ》り
用例 板金**塗装**をする。**塗炭**の苦しみ。ペンキを**塗布**する。水性の**塗料**を使う。

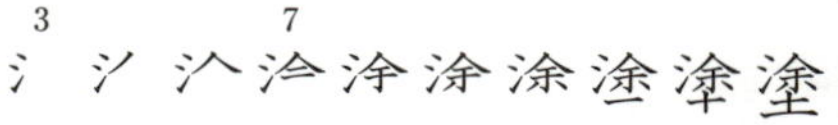

凍

冫 にすい
10画

音 トウ
訓 こお(る)
こご(える)

意味 こおる・こごえる
語句 凍結《とうけつ》・凍死《とうし》・凍傷《とうしょう》・解凍《かいとう》・冷凍《れいとう》
用例 水道が**凍結**する。**凍傷**に悩まされる。**冷凍**食品を**解凍**する。

陶

阝 こざとへん
11画

音 トウ
訓 ──

意味 やきもの・うっとりする・教え導く
語句 陶器《とうき》・陶芸《とうげい》・陶磁器《とうじき》・陶酔《とうすい》・薫陶《くんとう》
用例 **陶器**を焼く。高名な**陶芸家**。心地よい音楽に**陶酔**する。

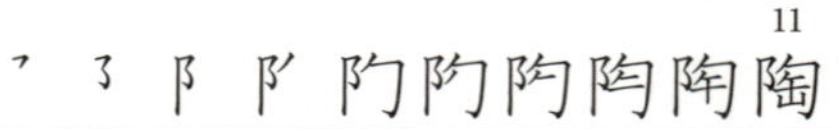

痘

疒 やまいだれ　12画

音 トウ
訓 ―

意味 ほうそう
語句 痘苗《とうびょう》・種痘《しゅとう》・水痘《すいとう》・天然痘《てんねんとう》
用例 痘苗を人に接種し抗体を作る。種痘のあと。天然痘は根絶された。

匿

匚 かくしがまえ　10画

音 トク
訓 ―

意味 かくす・かくまう
語句 匿名《とくめい》・隠匿《いんとく》・秘匿《ひとく》
用例 匿名で投書した。資産を隠匿する。条約の内容は秘匿された。

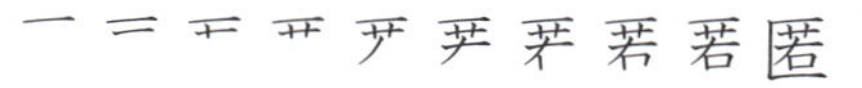

篤

⺮ たけかんむり　16画

音 トク
訓 ―

意味 まじめ・熱心・てあつい・病気が重い
語句 篤学《とくがく》・篤志《とくし》・篤実《とくじつ》・篤行《とっこう》・危篤《きとく》
用例 篤学の士。町の篤志家。篤実な人。篤行を表彰《ひょうしょう》する。危篤に陥《おちい》る。

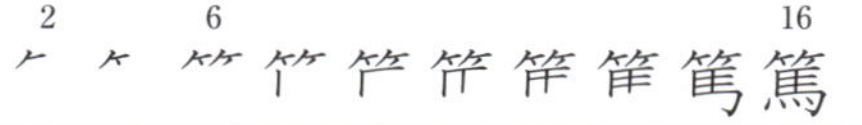

豚

豕 ぶた・いのこ　11画

音 トン
訓 ぶた

意味 ぶた・自分の子をへりくだっていう言葉
語句 豚児《とんじ》・豚舎《とんしゃ》・養豚《ようとん》・豚肉《ぶたにく》・子豚《こぶた》
用例 豚舎の清掃をする。養豚業を営む。かわいい子豚が生まれた。

尿

尸 かばね・しかばね　7画

音 ニョウ
訓 ―

意味 小便
語句 尿意《にょうい》・尿素《にょうそ》・尿道《にょうどう》・糖尿《とうにょう》・排尿《はいにょう》
用例 尿意を催す。尿素は肥料などの原料になる。排尿が思わしくない。

粘

米 こめへん 11画

音 ネン
訓 ねば(る)

意味 ねばりつく
語句 粘液《ねんえき》・粘着《ねんちゃく》・※粘土《ねんど》・粘膜《ねんまく》・粘《ねば》り気《け》
用例 粘着テープをはる。粘土で遊ぶ。鼻の粘膜が炎症《えんしょう》を起こす。

婆

女 おんな 11画

音 バ
訓 ──

意味 年とった女の人・女性
語句 お転婆《てんば》・産婆《さんば》・老婆《ろうば》
用例 お転婆な娘だ。新事業の産婆役を務める。老婆心から言ったまでだ。

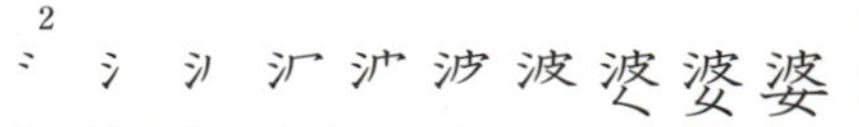

排

扌 てへん 11画

音 ハイ
訓 ──

意味 おしのける・ならべる
語句 排気《はいき》・排除《はいじょ》・排水《はいすい》・排斥《はいせき》・排他《はいた》
用例 排気ガスの濃度。異分子を排除する。排水を下水道に流す。

陪

阝 こざとへん 11画

音 バイ
訓 ──

意味 つきしたがう・家来のそのまた家来
語句 陪従《ばいじゅう》・陪食《ばいしょく》・陪臣《ばいしん》・陪審《ばいしん》・陪席《ばいせき》
用例 陛下に陪従する。ご陪食を賜《たまわ》る。陪臣が国政を握る。陪席にあずかる。

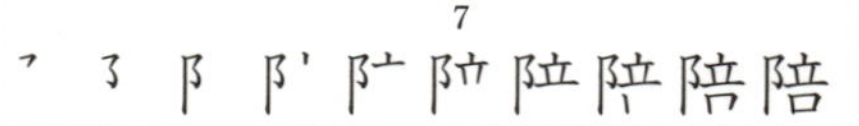

縛

糸 いとへん 16画

音 バク
訓 しば(る)

意味 しばる・自由にさせない
語句 自縛《じばく》・束縛《そくばく》・捕縛《ほばく》・金縛《かなしば》り
用例 自縄《じじょう》自縛に陥る。自由を束縛する。すりの現行犯を捕縛した。

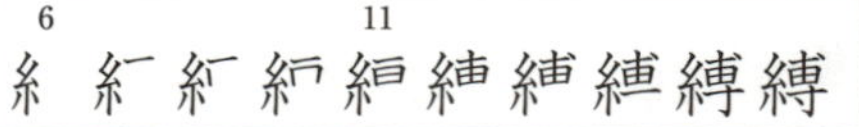

※「ねばつち」とも読む。

伐

亻 にんべん 6画

音 バツ
訓 ―

意味 木を切る・攻める
語句 伐採《ばっさい》・殺伐《さつばつ》・征伐《せいばつ》・討伐《とうばつ》・濫伐《らんばつ》
用例 樹木を**伐採**する。**殺伐**とした風景。鬼の**征伐**に赴く。逆賊を**討伐**する。

帆

巾 はばへん・きんべん 6画

音 ハン
訓 ほ

意味 ほ・ほをあげてはしる
語句 帆船《はんせん》・帆走《はんそう》・出帆《しゅっぱん》・帆柱《ほばしら》・白帆《しらほ》
用例 三本マストの**帆船**。順風を受け**帆走**する。港を**出帆**した。

伴

亻 にんべん 7画

音 ハン バン
訓 ともな(う)

意味 つれていく・ともなう・なかま
語句 伴走《ばんそう》・伴奏《ばんそう》・随伴《ずいはん》・同伴《どうはん》・相伴《しょうばん》
用例 コーチが**伴走**する。ピアノの**伴奏**。特使に**随伴**する。婦人を**同伴**する。

畔

田 たへん 10画

音 ハン
訓 ―

意味 あぜ・ほとり・かたわら
語句 河畔《かはん》・橋畔《きょうはん》・湖畔《こはん》・池畔《ちはん》
用例 **河畔**の並木道。**橋畔**にたたずむ。**湖畔**の宿。**池畔**の桜が満開だ。

藩

艹 くさかんむり 18画

音 ハン
訓 ―

意味 大名の支配した領地・さかい
語句 藩校《はんこう》・藩士《はんし》・藩主《はんしゅ》・廃藩《はいはん》・列藩《れっぱん》
用例 **藩校**で漢籍を学んだ。長州の**藩士**。**列藩**が同盟を結んだ。

3 6 9 13 18

蛮

虫《むし》 12画

音 バン
訓 ——

意味 ひらけていない・非文化的で荒々しい
語句 蛮行《ばんこう》・蛮人《ばんじん》・蛮勇《ばんゆう》・南蛮《なんばん》・野蛮《やばん》
用例 **蛮行**に等しい行為。**蛮勇**を振るう。**南蛮**渡来の珍品。**野蛮**な行為をする。

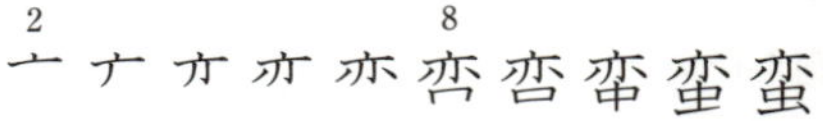

卑

十《じゅう》 9画

音 ヒ
訓 いや(しい)高
いや(しむ)高
いや(しめる)高

意味 いやしい・ひくい・へりくだる
語句 卑近《ひきん》・卑屈《ひくつ》・卑下《ひげ》・卑見《ひけん》・卑劣《ひれつ》
用例 **卑近**な例。**卑屈**な態度。自分を**卑下**する。**卑見**を述べる。**卑劣**な手段。

碑

石《いしへん》 14画

音 ヒ
訓 ——

意味 いしぶみ・石に文字をほったもの
語句 碑文《ひぶん》・歌碑《かひ》・記念碑《きねんひ》・句碑《くひ》・石碑《せきひ》
用例 功労者をたたえる**碑文**。**歌碑**の除幕式を行う。**石碑**を建立《こんりゅう》する。

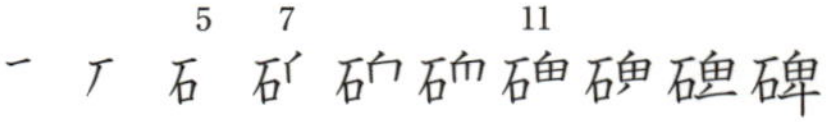

泌

氵《さんずい》 8画

音 ヒツ
ヒ高
訓 ——

意味 しみでる・にじみでる
語句 ※1 泌尿器《ひにょうき》・※2 分泌《ぶんぴつ》
用例 **泌尿器**は尿の排出を行う器官である。涙腺《るいせん》から涙が**分泌**される。

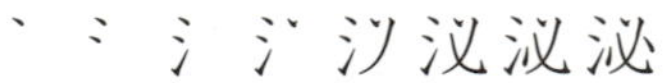

姫

女《おんなへん》 10画

音 ——
訓 ひめ

意味 身分の高い人の娘・女の子・小さい
語句 姫君《ひめぎみ》・姫松《ひめまつ》・歌姫《うたひめ》・舞姫《まいひめ》
用例 美しい**姫君**だ。歌謡界の**歌姫**。「**舞姫**」は森鷗外《もりおうがい》の作品である。

※1「ひつにょうき」とも読む。
※2「ぶんぴ」とも読む。

漂

部首：氵（さんずい）　14画

音 ヒョウ
訓 ただよ(う)

意味 ただよう・さらす
語句 漂船《ひょうせん》・漂着《ひょうちゃく》・漂白《ひょうはく》・漂泊《ひょうはく》・漂流《ひょうりゅう》
用例 船が無人島に漂着した。布を漂白する。漂泊の旅に出る。

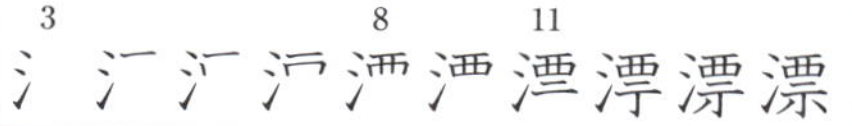

苗

部首：艹（くさかんむり）　8画

音 ビョウ㊝
訓 なえ
なわ

意味 なえ・子孫
語句 種苗《しゅびょう》・苗木《なえぎ》・苗床《なえどこ》・※苗代《なわしろ》・早苗《さなえ》
用例 松の苗木。苗床で苗を育てる。苗代を作る。早苗の季節になった。

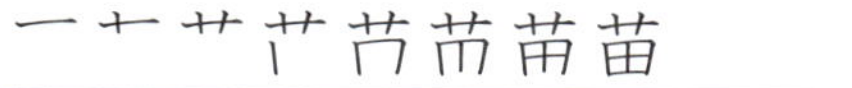

赴

部首：走（そうにょう）　9画

音 フ
訓 おもむ(く)

意味 おもむく・目的地へ行く
語句 赴任《ふにん》
用例 支社に赴任して三年になります。

符

部首：⺮（たけかんむり）　11画

音 フ
訓 ——

意味 まもりふだ・しるし・証拠となるふだ
語句 符号《ふごう》・符合《ふごう》・切符《きっぷ》・護符《ごふ》・終止符《しゅうしふ》
用例 情報を符号化する。切符を買って電車に乗る。終止符を打つ。

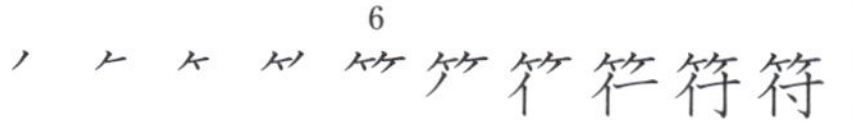

封

部首：寸（すん）　9画

音 フウ
ホウ
訓 ——

意味 とじる・領地を与える・境界
語句 封鎖《ふうさ》・封建《ほうけん》・開封《かいふう》・同封《どうふう》・密封《みっぷう》
用例 海上を封鎖する。手紙を開封する。写真を同封する。密封保存する。

※「なえしろ」とも読む。

伏

部首：亻（にんべん） 6画

音 フク
訓 ふ(せる)
ふ(す)

意味 ふせる・かくす・相手にしたがう

語句 伏線《ふくせん》・起伏《きふく》・降伏《こうふく》・雌伏《しふく》・潜伏《せんぷく》

用例 **起伏**の激しい土地。**雌伏**すること十年。はしかの**潜伏**期間。

覆

部首：襾（おおいかんむり） 18画

音 フク
訓 おお(う)
くつがえ(す)㊢
くつがえ(る)㊢

意味 かぶせる・ひっくり返す・くり返す

語句 覆水《ふくすい》・覆面《ふくめん》・転覆《てんぷく》・被覆《ひふく》

用例 **覆水**盆に返らず。手ぬぐいで**覆面**をする。銅線を**被覆**する。

紛

部首：糸（いとへん） 10画

音 フン
訓 まぎ(れる)
まぎ(らす)
まぎ(らわす)
まぎ(らわしい)

意味 もつれる・まぎれてしまう・みだれる

語句 紛糾《ふんきゅう》・紛失《ふんしつ》・紛争《ふんそう》・内紛《ないふん》・苦《くる》し紛《まぎ》れ

用例 定期入れを**紛失**する。国際間の**紛争**。**内紛**が続く。**苦し紛れ**にうそをつく。

墳

部首：土（つちへん） 15画

音 フン
訓 ──

意味 土をもり上げた墓・おか・大きい

語句 墳墓《ふんぼ》・円墳《えんぷん》・古墳《こふん》・方墳《ほうふん》

用例 **墳墓**の地を訪れる。大仙《だいせん》**古墳**は有名な前方後円**墳**である。

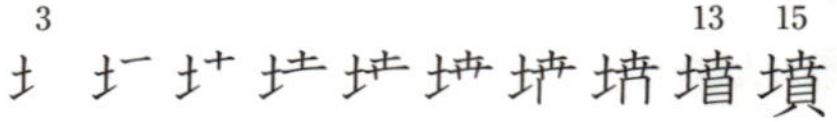

癖

部首：疒（やまいだれ） 18画

音 ヘキ
訓 くせ

意味 人のくせ・やまい

語句 悪癖《あくへき》・潔癖《けっぺき》・習癖《しゅうへき》・病癖《びょうへき》・口癖《くちぐせ》

用例 **悪癖**を直す。彼は金銭に関して**潔癖**な人だ。いつも**口癖**のように言う。

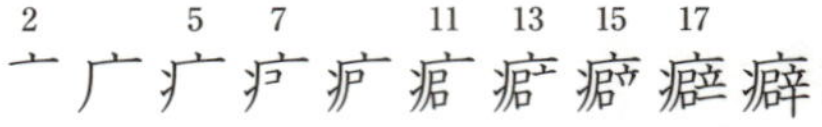

募

力 ちから　12画

音 ボ
訓 つの(る)

意味 つのる・広くもとめる
語句 募金《ぼきん》・募集《ぼしゅう》・応募《おうぼ》・急募《きゅうぼ》・公募《こうぼ》
用例 共同募金に協力する。生徒を募集する。クイズに応募する。

慕

⺗ したごころ　14画

音 ボ
訓 した(う)

意味 したう・恋しく思う・尊敬して見習う
語句 慕情《ぼじょう》・愛慕《あいぼ》・敬慕《けいぼ》・思慕《しぼ》・追慕《ついぼ》
用例 慕情が募る。愛慕の情。恩師を敬慕する。思慕の念。故人を追慕する。

簿

⺮ たけかんむり　19画

音 ボ
訓 ——

意味 帳面・紙をとじたもの
語句 簿記《ぼき》・家計簿《かけいぼ》・原簿《げんぼ》・帳簿《ちょうぼ》・名簿《めいぼ》
用例 簿記を習う。帳簿を閲覧する。卒業生の名簿を作成する。

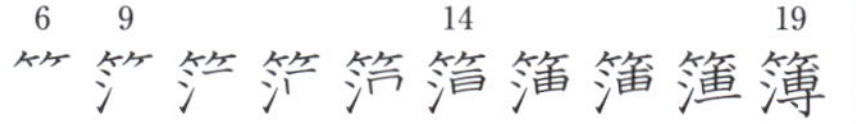

芳

艹 くさかんむり　7画

音 ホウ
訓 かんば(しい)㊢

意味 いいにおい・他人の事の尊称
語句 芳紀《ほうき》・芳香《ほうこう》・芳志《ほうし》・芳書《ほうしょ》・芳名《ほうめい》
用例 芳香を放つ。芳志に感謝する。御芳書拝読致します。寄贈者の芳名。

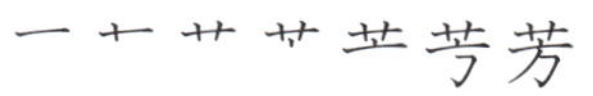

邦

阝 おおざと　7画

音 ホウ
訓 ——

意味 くに・日本の・わがくにの
語句 邦楽《ほうがく》・邦人《ほうじん》・異邦《いほう》・本邦《ほんぽう》・連邦《れんぽう》
用例 邦楽が好きだ。邦人の安否を気遣う。異邦を訪れる。本邦初公開の映画。

奉
大《だい》 8画

音 ホウ ブ
訓 たてまつ(る) 高

意味 さし上げる・つかえる・うけたまわる
語句 奉公《ほうこう》・奉仕《ほうし》・奉納《ほうのう》・奉行《ぶぎょう》・信奉《しんぽう》
用例 社会に**奉仕**する。神社に**奉納**する。**奉行**の役を演じる。儒教《じゅきょう》を**信奉**する。

一 二 三 声 夫 夫 叁 奉

胞
月《にくづき》 9画

音 ホウ
訓 ――

意味 母の胎内・生物体をつくる最小単位
語句 胞衣《ほうい》・胞子《ほうし》・細胞《さいぼう》・※同胞《どうほう》
用例 マツタケは**胞子**で殖える。**細胞**が分裂する。外国で**同胞**に会う。

丿 刀 月 月 月' 肑 肑 肑 胞

倣
亻《にんべん》 10画

音 ホウ
訓 なら(う) 高

意味 まねをする・ならう
語句 模倣《もほう》
用例 他社の技術を**模倣**する。

丿 亻 亻' 仁 仿 仿 份 仿 仿 倣

崩
山《やま》 11画

音 ホウ
訓 くず(れる) くず(す)

意味 こわれる・天子が亡《な》くなること
語句 崩壊《ほうかい》・崩御《ほうぎょ》・崩落《ほうらく》・土砂崩《どしゃくず》れ・雪崩《なだれ》
用例 ビルが**崩壊**する。天皇が**崩御**された。岩石が**崩落**する。**雪崩**が発生する。

丨 山 山 屶 岸 岸 岸 岸 崩 崩(11)

飽
食《しょくへん》 13画

音 ホウ
訓 あ(きる) あ(かす)

意味 腹いっぱい・あきる・十分である
語句 飽食《ほうしょく》・飽満《ほうまん》・飽和《ほうわ》・見飽《みあ》きる
用例 今は**飽食**の時代だ。ぜいたくな料理に**飽満**した。人口が**飽和**状態になる。

人(2) 今(4) 今(6) 食 食 飣 飣 飽 飽 飽

※「どうぼう」とも読む。

縫

糸 いとへん 16画

音 ホウ
訓 ぬ(う)

意味 ぬう・とりつくろう・ぬいめ
語句 縫合《ほうごう》・縫製《ほうせい》・裁縫《さいほう》・縫《ぬ》い糸《いと》
用例 縫合手術を受ける。縫製工場を営む。裁縫を教える。細い縫い糸。

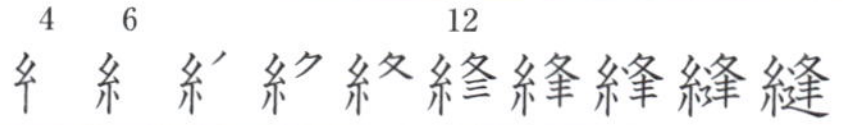

乏

ノ の・はらいぼう 4画

音 ボウ
訓 とぼ(しい)

意味 たりない・とぼしい・まずしい
語句 窮乏《きゅうぼう》・欠乏《けつぼう》・耐乏《たいぼう》・貧乏《びんぼう》
用例 酸素が欠乏する。耐乏生活を送る。貧乏くじを引く。

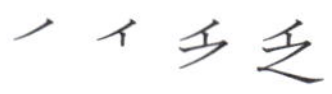

妨

女 おんなへん 7画

音 ボウ
訓 さまた(げる)

意味 じゃまをする
語句 妨害《ぼうがい》
用例 歩行者の通行を妨害する放置自転車を撤去《てっきょ》する。

房

戸 とだれ・とかんむり 8画

音 ボウ
訓 ふさ

意味 へや・こしつ・ふさ・ふさ状のもの
語句 官房《かんぼう》・工房《こうぼう》・暖房《だんぼう》・独房《どくぼう》・花房《はなぶさ》
用例 工房で働く。室内を暖房する。藤《ふじ》の花房が美しく咲く。

某

木 き 9画

音 ボウ
訓 ——

意味 所・名などを伏せて指すのに用いる語
語句 某国《ぼうこく》・某氏《ぼうし》・某紙《ぼうし》・某社《ぼうしゃ》・某所《ぼうしょ》
用例 某国のスパイの疑い。某紙に暴《あば》かれる。市内の某所に居る。

膨 月 にくづき 16画	意味 ふくれる・はれる 語句 膨大《ぼうだい》・膨張《ぼうちょう》・膨《ふく》れっ面《つら》・着膨《きぶく》れ 用例 膨大な資料。人口の膨張。しかられて膨れっ面をする。
音 ボウ 訓 ふく(らむ) ふく(れる)	5 9 16 月 肚 胩 胨 胨 膨（筆順）
謀 言 ごんべん 16画	意味 あれこれとやり方を考える・たくらむ 語句 謀議《ぼうぎ》・謀略《ぼうりゃく》・謀反《むほん》・陰謀《いんぼう》・無謀《むぼう》 用例 謀議をめぐらす。謀略にかかる。陰謀を企てる。その冒険は無謀だ。
音 ボウ ム高 訓 はか(る)高	4 7 10 言 訂 詌 謀（筆順）
墨 土 つち 14画	意味 書くときに使うすみ・くろい 語句 墨跡《ぼくせき》・遺墨《いぼく》・水墨《すいぼく》・墨絵《すみえ》・眉墨《まゆずみ》 用例 先生の遺墨です。水墨画を描く。墨絵の掛け軸を買う。
音 ボク 訓 すみ	2 4 11 冂 日 甲 甲 里 里 黒 黒 墨 墨
没 氵 さんずい 7画	意味 しずむ・熱中する・とりあげる・死ぬ 語句 没収《ぼっしゅう》・没頭《ぼっとう》・没入《ぼつにゅう》・出没《しゅつぼつ》・沈没《ちんぼつ》 用例 土地を没収される。勉学に没頭する。船が沈没する。
音 ボツ 訓 —	丶 冫 氵 氵 沪 没 没
翻 羽 はね 18画	意味 ひらひらする・作りかえる 語句 翻案《ほんあん》・翻意《ほんい》・翻刻《ほんこく》・翻訳《ほんやく》・翻弄《ほんろう》 用例 古典文学を翻案する。同盟国の翻意に驚く。海外小説を翻訳する。
音 ホン 訓 ひるがえ(る)高 ひるがえ(す)高	3 7 9 13 15 18 平 采 番 番 翻 翻 翻 翻（筆順）

魔	鬼《おに》 21画	音 マ 訓 —	意味 あやしい術・害をあたえる人 語句 魔術《まじゅつ》・魔女《まじょ》・魔法《まほう》・邪魔《じゃま》・病魔《びょうま》 用例 **魔術**にかかる。**魔法**使いの童話。仕事を**邪魔**する。**病魔**に打ち勝つ。 筆順 3 7 11 14 17 19 … 魔
埋	土《つちへん》 10画	音 マイ 訓 う(める) う(まる) う(もれる)	意味 土の中へうめる・かくす 語句 埋設《まいせつ》・埋葬《まいそう》・埋蔵《まいぞう》・埋没《まいぼつ》・穴埋《あなう》め 用例 死者を**埋葬**する。地下資源が**埋蔵**されている。貴重な資料が**埋没**する。 筆順 一 十 土 … 埋
膜	月《にくづき》 14画	音 マク 訓 —	意味 体内の器官を包むうすい皮・うす皮 語句 角膜《かくまく》・鼓膜《こまく》・粘膜《ねんまく》・被膜《ひまく》・網膜《もうまく》 用例 **角膜**を切開する。**鼓膜**が破れる。胃の**粘膜**。**網膜**に焼きついた光景。 筆順 4 7 11 14 … 膜
又	又《また》 2画	音 — 訓 また	意味 さらにふたたび・それにしても 語句 又請《またう》け・又貸《またが》し・又聞《またぎ》き・又弟子《またでし》 用例 これは**又請け**の仕事だ。**又貸し**は禁止する。**又聞き**だからあてにならぬ。 筆順 フ 又
魅	鬼《きにょう》 15画	音 ミ 訓 —	意味 人の心をひきつける・ばけもの 語句 魅了《みりょう》・魅力《みりょく》・魅惑《みわく》 用例 美しさに**魅了**された。他の作品にない新鮮な**魅力**。**魅惑**的な香り。 筆順 3 6 8 12 … 魅

滅	氵 さんずい 13画	**意味** ほろびる・ほろぼす・きえる **語句** 滅亡《めつぼう》・消滅《しょうめつ》・絶滅《ぜつめつ》・全滅《ぜんめつ》・点滅《てんめつ》 **用例** 一族が**滅亡**する。権利が**消滅**した。**絶滅**の危機。信号が**点滅**する。
音 メツ **訓** ほろ(びる) ほろ(ぼす)		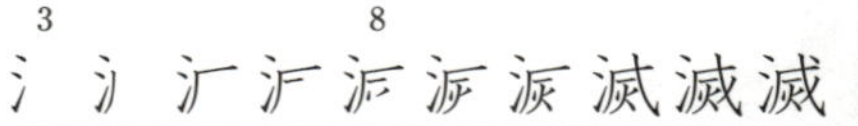
免	儿 ひとあし・にんにょう 8画	**意味** のがれる・ゆるす・やめさせる **語句** 免除《めんじょ》・免職《めんしょく》・免税《めんぜい》・任免《にんめん》・放免《ほうめん》 **用例** 学費が**免除**される。議員を**任免**する。無罪**放免**になる。
音 メン **訓** まぬか(れる)(高)		
幽	幺 よう・いとがしら 9画	**意味** おくふかい・かくれる・あの世 **語句** 幽界《ゆうかい》・幽玄《ゆうげん》・幽谷《ゆうこく》・幽閉《ゆうへい》・幽霊《ゆうれい》 **用例** **幽玄**な趣。**幽谷**に咲く花。一室に**幽閉**する。**幽霊**でも見たような顔だ。
音 ユウ **訓** ——		
誘	言 ごんべん 14画	**意味** さそいかける・みちびく・ひきおこす **語句** 誘因《ゆういん》・誘致《ゆうち》・誘導《ゆうどう》・誘惑《ゆうわく》・勧誘《かんゆう》 **用例** 工場を**誘致**する。安全地帯に**誘導**する。**誘惑**に負ける。**勧誘**を断る。
音 ユウ **訓** さそ(う)		
憂	心 こころ 15画	**意味** 思いなやむ・心をいためる・おそれる **語句** 憂国《ゆうこく》・憂愁《ゆうしゅう》・憂色《ゆうしょく》・憂慮《ゆうりょ》・一喜一憂《いっきいちゆう》 **用例** **憂国**の志士。**憂愁**の思い。**憂色**の濃い表情。事態を**憂慮**する。
音 ユウ **訓** うれ(える) うれ(い) う(い)(高)		

揚

扌 てへん　12画

音 ヨウ
訓 あ(げる)　あ(がる)

意味 あげる・気分が高まる・ほめる
語句 揚水《ようすい》・掲揚《けいよう》・高揚《こうよう》・浮揚《ふよう》・抑揚《よくよう》
用例 ポンプで**揚水**する。士気が**高揚**する。景気の**浮揚**策。**抑揚**をつける。

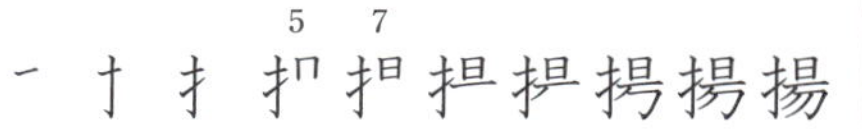

揺

扌 てへん　12画

音 ヨウ
訓 ゆ(れる)ゆ(る)　ゆ(らぐ)ゆ(るぐ)　ゆ(する)ゆ(さぶる)　ゆ(すぶる)

意味 ゆれる・ゆする・うごく
語句 動揺《どうよう》・揺《ゆ》り籠《かご》
用例 突然の出来事に**動揺**を隠しきれない。**揺り籠**の中で静かに眠る。

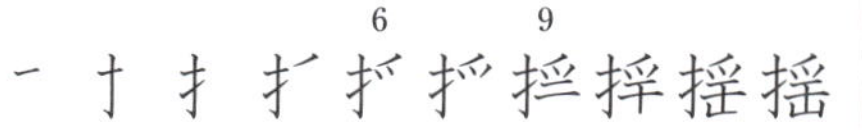

擁

扌 てへん　16画

音 ヨウ
訓 ——

意味 だきかかえる・囲むようにたすける
語句 擁護《ようご》・擁立《ようりつ》・抱擁《ほうよう》
用例 民主主義を**擁護**する。幼君を**擁立**する。熱い**抱擁**を交わす。

抑

扌 てへん　7画

音 ヨク
訓 おさ(える)

意味 おさえる・言葉や声の調子を低める
語句 抑圧《よくあつ》・抑止《よくし》・抑制《よくせい》・抑揚《よくよう》・抑留《よくりゅう》
用例 言論の**抑圧**。無謀な行動を**抑止**する。輸入を**抑制**する。**抑留**生活が長い。

裸

衤 ころもへん　13画

音 ラ
訓 はだか

意味 はだか・むきだし
語句 裸身《らしん》・裸体《らたい》・裸婦《らふ》・赤裸裸《せきらら》・丸裸《まるはだか》
用例 **裸身**の彫刻。**裸婦**像を描く。**赤裸裸**に告白する。火事で**丸裸**になる。

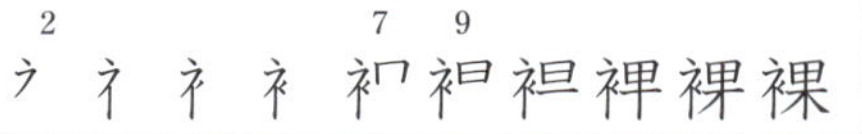

濫

氵 さんずい
18画

音 ラン
訓 ――

意味 あふれる・むやみに・ひろがる
語句 濫獲《らんかく》・濫伐《らんばつ》・濫発《らんぱつ》・濫費《らんぴ》・濫用《らんよう》
用例 濫獲を禁ずる。森林を濫伐する。手形を濫発する。薬を濫用しない。

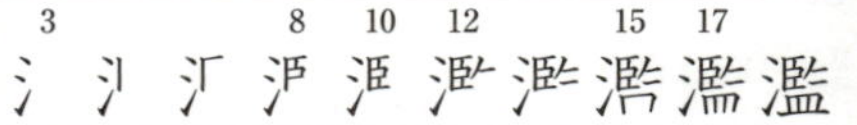

吏

口 くち
6画

音 リ
訓 ――

意味 役人・公務員
語句 吏員《りいん》・吏道《りどう》・官吏《かんり》・能吏《のうり》
用例 吏員として役所に勤める。父は官吏であった。能吏として評判される。

隆

阝 こざとへん
11画

音 リュウ
訓 ――

意味 もり上がる・高くする・勢いがつく
語句 隆運《りゅううん》・隆起《りゅうき》・隆盛《りゅうせい》・筋骨隆隆《きんこつりゅうりゅう》・興隆《こうりゅう》
用例 地盤が隆起する。隆盛を極める。筋骨隆隆たる体格。文化が興隆する。

了

亅 はねぼう
2画

音 リョウ
訓 ――

意味 おわる・わかる・あきらか
語句 了解《りょうかい》・了見《りょうけん》・了承《りょうしょう》・完了《かんりょう》・終了《しゅうりょう》
用例 上司の了解を得る。了見が狭い。準備は完了した。試合が終了した。

猟

犭 けものへん
11画

音 リョウ
訓 ――

意味 かり・つかまえる・さがしもとめる
語句 猟犬《りょうけん》・猟師《りょうし》・禁猟《きんりょう》・狩猟《しゅりょう》・密猟《みつりょう》
用例 広野に猟犬を放つ。ここは禁猟区だ。狩猟が解禁になる。密猟が絶えない。

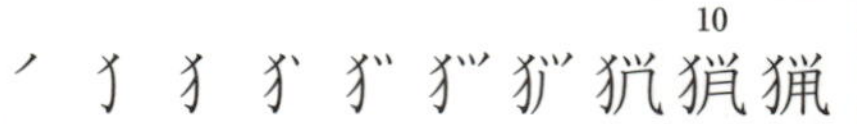

陵
阝 こざとへん 11画
音 リョウ
訓 みささぎ（高）

意味 おか・天皇，皇后などの墓・しのぐ
語句 陵墓《りょうぼ》・丘陵《きゅうりょう》・御陵《ごりょう》・山陵《さんりょう》
用例 堀《ほり》を巡らせた**陵墓**。美しい**丘陵**地帯が広がる。明治天皇の**御陵**。

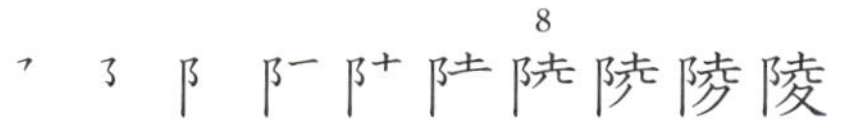

糧
米 こめへん 18画
音 リョウ ロウ（高）
訓 かて（高）

意味 食べもの・活動の源
語句 糧食《りょうしょく》・糧道《りょうどう》・糧米《りょうまい》・食糧《しょくりょう》・兵糧《ひょうろう》
用例 **糧道**を確保する。**糧米**を備蓄する。**食糧**事情の悪化。**兵糧**攻めにする。

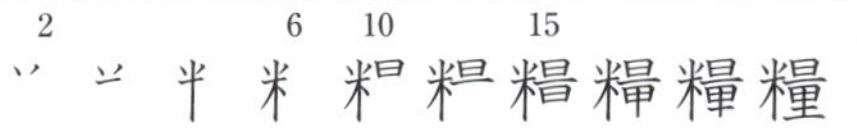

厘
厂 がんだれ 9画
音 リン
訓 ―

意味 おかねの単位・割合の単位
語句 厘毛《りんもう》・一分一厘《いちぶいちりん》・九分九厘《くぶくりん》
用例 **厘毛**の狂いもない。**一分一厘**の隙《すき》もない。勝利は**九分九厘**間違いない。

励
力 ちから 7画
音 レイ
訓 はげ(む) はげ(ます)

意味 はげむ・つとめる・はげます
語句 励行《れいこう》・激励《げきれい》・奨励《しょうれい》・精励《せいれい》・奮励《ふんれい》
用例 早寝を**励行**する。生徒を**激励**する。勉学に**精励**する。大いに**奮励**する。

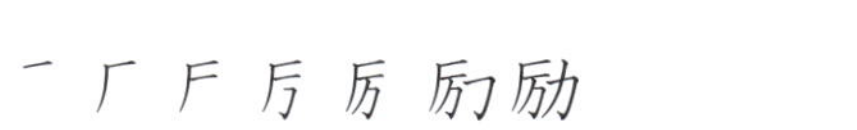

零
雨 あめかんむり 13画
音 レイ
訓 ―

意味 わずか・おちぶれる・数のゼロ
語句 零細《れいさい》・零時《れいじ》・零点《れいてん》・零度《れいど》・零落《れいらく》
用例 **零細**な企業。**零時**の時報。相手チームはまだ**零点**だ。**零落**した元貴族。

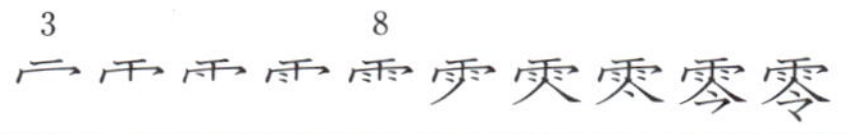

霊

雨（あめかんむり） 15画

音 レイ、リョウ(高)
訓 たま(高)

意味 たましい・ふしぎな・神聖な

語句 霊感《れいかん》・霊気《れいき》・霊魂《れいこん》・霊前《れいぜん》・霊峰《れいほう》

用例 霊感が強い。霊気が漂う。霊前に花を供える。霊峰としてあがめられる。

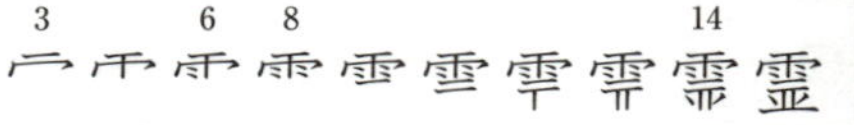

裂

衣（ころも） 12画

音 レツ
訓 さ(く)、さ(ける)

意味 ばらばらにさける・きれ・さけめ

語句 裂傷《れっしょう》・決裂《けつれつ》・支離滅裂《しりめつれつ》・破裂《はれつ》・分裂《ぶんれつ》

用例 腕に裂傷を負う。会談が決裂する。水道管が破裂する。党が分裂する。

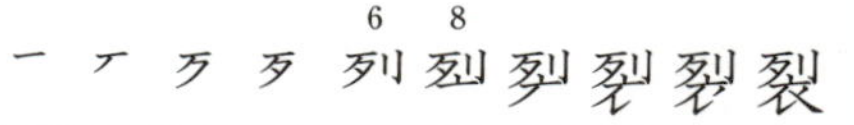

廉

广（まだれ） 13画

音 レン
訓 ——

意味 いさぎよい・けがれがない・安い

語句 廉価《れんか》・廉潔《れんけつ》・廉売《れんばい》・清廉《せいれん》・破廉恥《はれんち》

用例 廉価で販売する。廉潔の士。清廉な暮らしぶりだ。破廉恥な振る舞い。

錬

金（かねへん） 16画

音 レン
訓 ——

意味 金属をきたえる・心身などをきたえる

語句 錬金術《れんきんじゅつ》・錬成《れんせい》・修錬《しゅうれん》・精錬《せいれん》・鍛錬《たんれん》

用例 新入社員を錬成する。厳しい修錬を積む。粗鋼を精錬する。心身の鍛錬。

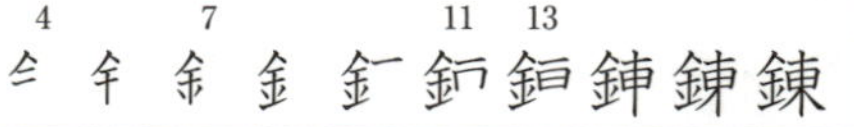

炉

火（ひへん） 8画

音 ロ
訓 ——

意味 火をたくところ

語句 炉端《ろばた》・高炉《こうろ》・香炉《こうろ》・暖炉《だんろ》・溶鉱炉《ようこうろ》

用例 高炉を建設する。香炉をたく。暖炉の火が燃える。溶鉱炉で製鉄する。

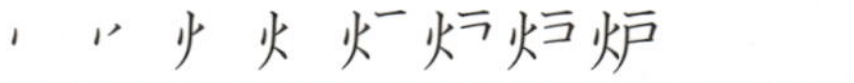

漢字	部首	画数	音	訓	意味	語句	用例	筆順
浪	氵（さんずい）	10画	ロウ	―	おおなみ・さまよう・むだに	浪人《ろうにん》・浪費《ろうひ》・波浪《はろう》・放浪《ほうろう》・流浪《るろう》	時間を**浪費**する。**波浪**警報を発令する。異国を**放浪**する。**流浪**の民。	丶 丶 氵 氵' 氵宀 氵白 氵良 ... 浪
廊	广（まだれ）	12画	ロウ	―	ろうか・ひさし	廊下《ろうか》・画廊《がろう》・回廊《かいろう》・歩廊《ほろう》	**廊下**を走るな。**画廊**で個展を開く。社殿の**回廊**を渡る。	丶 亠 广 广 庐 庐 ... 廊（7・9画目に番号）
楼	木（きへん）	13画	ロウ	―	高い建物・やぐら・茶屋	楼閣《ろうかく》・楼上《ろうじょう》・楼門《ろうもん》・高楼《こうろう》・鐘楼《しょうろう》	砂上の**楼閣**。朱塗りの**楼門**。**高楼**に登る。**鐘楼**で除夜を迎えた。	木 木' 木'' 朩 ... 楼（4画目に番号）
漏	氵（さんずい）	14画	ロウ	も（る） も（れる） も（らす）	水や光がもれる・手ぬかり	漏水《ろうすい》・漏電《ろうでん》・遺漏《いろう》・疎《そ》（粗）漏《ろう》	**漏水**箇所を調べる。**漏電**による火災が発生した。記載に**遺漏**がある。	氵 氵¬ 氵コ 沪 沪 ... 漏（3・12・14画目に番号）
湾	氵（さんずい）	12画	ワン	―	いりえ・いりうみ・弓なり	湾曲《わんきょく》・湾口《わんこう》・湾内《わんない》・湾入《わんにゅう》・港湾《こうわん》	**湾曲**した海岸線。**湾口**に船が入る。**湾内**に船が停泊する。**港湾**の施設。	氵 氵' 氵亠 ... 湾（3画目に番号）

■編集協力－株式会社 一校舎
■制作協力－株式会社 渋谷文泉閣
株式会社 イシワタグラフィックス
株式会社 アイデスク

漢検 3級
ハンディ漢字学習 改訂版

2021年8月30日 第1版第12刷 発行
編 者 公益財団法人 日本漢字能力検定協会
発行者 高坂 節三
印刷所 大日本印刷株式会社
製本所 株式会社 渋谷文泉閣

発行所 公益財団法人 日本漢字能力検定協会
〒605-0074 京都市東山区祇園町南側 551 番地
☎(075)757-8600
ホームページhttps://www.kanken.or.jp/

Printed in Japan
ISBN978-4-89096-245-7 C0081

乱丁・落丁本はお取り替えいたします。